大学生
心理健康教育

钱水芳　蒋常香　主编

Mental
Health
Education
for
College
Students

化学工业出版社
·北京·

内容简介

本书以在校大学生的心理健康成长为主线，围绕大学生心理发展的特点，深入浅出地探讨了大学生心理健康教育的理论和应用，系统介绍了大学生在学习生活中遇到的各种心理问题、诱发原因和调适方法。在此基础上，针对当前大学生心理健康教育的特点，从心理健康概念、心理咨询、异常心理及判别、自我意识与培养、人格发展与教育、职业生涯规划与能力发展、学习心理、情绪管理、人际交往心理、性心理及恋爱心理、挫折应对与抗压能力的培养、生命教育与心理危机应对等角度，作了系统又重点的介绍。本书的编写遵循学科内在逻辑体系与高等学校学生认知发展规律，突出时代性，语言通俗易懂，寓教于乐，符合高等学校的教育教学规律和学生的心理健康需求。

本书可以作为高等院校心理健康教育课程的教学用书，也可作为大学生提升自身心理素质的参考用书。

图书在版编目（CIP）数据

大学生心理健康教育 / 钱水芳，蒋常香主编．
北京：化学工业出版社，2025. 8. --（普通高等教育教材）． -- ISBN 978-7-122-48678-3

Ⅰ．G444

中国国家版本馆CIP数据核字第2025K49S70号

责任编辑：林　俐
责任校对：杜杏然
装帧设计：孙　沁

出版发行：化学工业出版社
　　　　　（北京市东城区青年湖南街13号　邮政编码100011）
印　　装：河北鑫兆源印刷有限公司
787mm×1092mm　1/16　印张12³/₄　字数277千字
2025年9月北京第1版第1次印刷

购书咨询：010-64518888　　　　售后服务：010-64518899
网　　址：http://www.cip.com.cn
凡购买本书，如有缺损质量问题，本社销售中心负责调换。

定　　价：49.80元　　　　　　版权所有　违者必究

本书编委会名单

主　编

钱水芳　蒋常香

副　主　编

黄海蓉　俞　佳　吴辉良　林海都

参编人员

范新宇　俞文娟　刘思源

前　言

　　根据教育部《关于加强普通高等学校大学生心理健康教育工作的意见》和《高等学校学生心理健康教育指导纲要》等文件的要求，推进教育部《高校思想政治工作质量提升工程实施纲要》和二十二部委印发的《关于加强心理健康服务的指导意见》的实施，贯彻"心理健康教育要以课堂教学、课外指导为主要渠道和基本环节，形成课内与课外，教育与指导，咨询与自助紧密结合的心理健康教育工作的网络和体系"的精神，切实发挥课堂教学主渠道作用，促进心理育人工作，我们在多年的教学实践与探索的基础上，结合新时代大学生心理健康发展规律，编写了这本具有时代精神和创新特色的、适合高校课堂教学和课外补充学习的大学生心理健康教育教材。

　　本书是一部关于大学生心理健康教育的学术性与操作性并重的著作，结构体系的设计遵循了大学生身心发展的规律和认知规律，紧密联系大学生的生活实际，理论适度、注重实践。本书以大学生心理健康成长为主线，围绕大学生心理发展的特点，运用心理学基本理论，从心理健康教育概述、心理咨询、自我意识与培养、人格发展与教育、职业生涯规划与能力发展、学习心理、情绪管理、人际交往心理、性心理及恋爱心理、挫折应对与意志品质的培养、异常心理判别、生命教育与心理危机应对等角度系统介绍了大学生可能遇到的各种常见的心理问题、诱发原因、调适方法，以及健康心理的培养策略。本书注重心理学理论与大学生心路历程的紧密结合，可作为大学生心理健康教育的课程教材，也可作为大学生提高自身心理素质的参考书籍。

　　每章结构内容包括理论讲解、案例分析、心理测试等模块，并结合具体内容穿插了扩展阅读、小贴士，拓展学生知识面，理论与实践紧密联系。在内容的选择上，我们采用心理案例与心理学知识相结合的方法，既传授心理学基础知识，又让心理学真正走进学生的生活，帮助他们更好地认识自己和他人，理解人性，并科学地使用心理学方法全面提高心理素质。

　　本书由南昌交通学院、江西科技师范大学的教授、学者和专业教师共同编写，由华东交通大学专家团队审定。全书体系结构和写作提纲由钱水芳拟定，蒋常香教授指导审核。第一章、第六章钱水芳编写；第二章黄海蓉编写；第三章俞佳编写；第四章蒋常香编写；第五章俞文娟编写；第七章范新宇编写；第八章林海都编写；第九章刘思源编写；第十章吴辉良编写。钱水芳和蒋常香对全书进行了审校。

　　本书的出版得到化学工业出版社的大力支持和帮助，在此深表感谢！由于编者的水平有限，书中疏漏在所难免，恳请专家、同仁、读者不吝赐教。另外，书中对一些学者的研究成果和著述的引用未能一一注释，在书后列有参考文献，以示感谢！

　　谨以此书献给风华正茂的大学生朋友们！

编者
2025 年 4 月 28 日

目 录

第一章 大学生心理健康导论

徐晓，某大学大一新生。因为从小受到父母无微不至的照顾，以至生活自理能力较差。虽然徐晓以优异的成绩顺利地考入大学，但大学的生活和学习让她感觉压力巨大。在校住宿期间，因不会洗衣服，只能周末把脏衣服背回家；不会打扫卫生和整理生活用品，总是因宿舍床铺脏乱差而受到批评；和同学相处也不尽如人意。最令徐晓难受的是，因为大学人才济济，曾令她引以为傲的学习成绩也不像之前那么优异了。渐渐地，她变得情绪低落、失眠、食欲不振，上课也不能集中注意力，每天都无精打采。她去医院检查了身体，并没有查出器质性的疾病。然而，徐晓始终无法调整好自己的状态，对大学生活也失去了兴趣，入学不到半年，她就办理了退学手续。

随着生活节奏的加快、社会竞争的加剧以及多元文化和价值理念冲突的加深，"心理健康"已成为现代社会的重要课题。

大学生的心理健康教育越来越受到学校、家庭和社会等方面的重视。如何衡量心理健康水平，如何看待心理问题，如何提高心理素质，从而增强大学生应对心理困惑的能力等问题越来越受到人们的关注。在校大学生需要通过系统学习心理学的基础知识，掌握科学的心理调适方法，帮助自己有效维护心理健康，以更好的精神状态投入大学的学习与生活。

【学习目标】

① 认识心理活动的实质和特点；
② 了解大学生心理发展的特点；
③ 掌握大学生心理健康的标准；
④ 了解大学生心理咨询的形式。

【本章重点】

心理构成　心理活动过程　人的个性心理　健康的标准　心理活动的特点与实质
大学生心理咨询的形式

大学生在完成学业深造的同时，还要经历一次重大的心灵成长，学会处理各种复杂的心理与行为方面的人生问题。在大学生中开展心理健康教育，提高他们的心理素质，维护心理健康，是提高大学生整体素质的重要前提。

一、心理与心理健康

（一）心理的概念

什么是心理？这是一个既基础又深奥，既悠久又富有新意的议题。唯心主义主张心理是情感的外显形态，将其视为灵魂的具象化表达与宇宙精神的映射；唯物主义则强调心理是大脑的机能活动，是人体对外界刺激的能动性反映。为明晰二者的本质差异，深入把握心理的核心要义，需要系统梳理以下三组关键性概念。

1. 心理构成

心理学认为，构成心理的因素包括两个方面：一是智力因素，即思维、想象、观察、注意、记忆等人所"固有"的先天因素；二是非智力因素，即兴趣、情感、性格、意志等人的后天因素。个体的心理品质就是这两个因素的综合评定（图1-1）。

智力因素 （先天因素）	非智力因素 （后天因素）
思维　想象 观察　注意 记忆……	兴趣　情感 性格　意志 ……

图1-1　心理构成因素

2. 心理活动过程

接触客观事物的时候，事物先作用于人的感官（感知），视觉、听觉、嗅觉、味觉、触觉等，为了更好地感知事物，人们要集中注意力，同时还要回忆以往的经验，进行想象和思维，这是认识过程。人们在对外界事物形成一定的认识之后，就会产生一定的态度，如喜欢或讨厌、热爱或仇恨等，这就是情感过程。情感过程是伴随认识过程产生的。人们除了认识客观事物外，还要对其进行处理和改造。为了达到目的，人们必须克服困难，坚持不懈地努力，这就是意志过程（图1-2）。人的心理活动过程是人区别于动物的最根本标志。

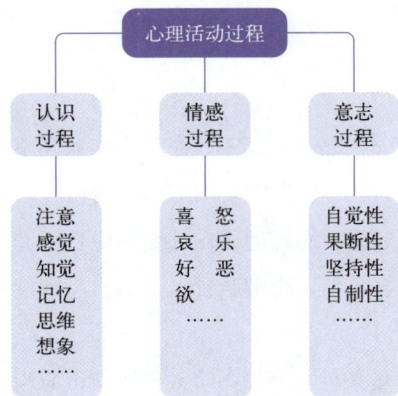

图1-2　心理活动过程

3. 人的个性心理

人的个性心理除了一般的共性之外，还有个性，这就是人心理的差异性。不同的需求、理想、信念、世界观，不同的兴趣、气质、能力和性格，构成了个体不同的心理特征（图1-3）。

个性心理倾向性	个性心理特征
需求、动机、兴趣、信念、理想、世界观……	能力、气质、性格……

图1-3　个性心理构成

【扩展阅读】 **代表性心理学理论的核心观点**

心理学作为一门研究人类心理与行为的科学，经过百余年的发展形成了多元化的理论体系。这些理论从不同角度解释了人类的认知、情感、行为及社会规律。以下是部分具有代表性的心理学理论的核心观点。

① 机能主义心理学。强调心理的适应功能，认为意识是连续流动的整体，研究重点在于心理如何帮助个体适应环境。

② 行为主义心理学。主张仅研究可观察的行为，提出"刺激-反应"（S-R）联结模型，强调环境对行为的塑造作用。

③ 格式塔心理学。主张"整体大于部分之和"，强调知觉的组织性和完形性，提出顿悟学习理论。

④ 精神分析学派。以弗洛伊德为代表，提出潜意识、性本能（力比多，libido）和人格结构（本我、自我、超我）理论，强调童年经历对心理的影响。

⑤ 人本主义心理学。主张"以人为本"，强调自我实现、潜能发展和主观体验，反对行为主义与精神分析的机械论。

⑥ 认知心理学。将人视为信息加工系统，研究记忆、注意、语言等认知过程。

⑦ 马斯洛需求层次理论。将人类需求分为生理、安全、归属与爱、尊重、自我实现五个层次，低级需求满足后高级需求才会显现。

⑧ 班杜拉社会学习理论。强调观察学习与替代强化，根据"波波玩偶实验"证明儿童通过模仿习得攻击行为。

⑨ 埃里克森心理社会发展理论。提出人生分为八个阶段，强调社会互动对人格形成的作用。

（二）健康与健康的标准

1. 什么是健康

1948年，世界卫生组织（WHO）在其宪章中对健康进行了定义："健康不仅是没有疾病和不虚弱，而且是身体、心理、社会功能三方面的完满状态。"1989年，世界卫生组织顺应时代进步，对健康下了新的定义："健康不仅是没有疾病，而且包括躯体健康、心理健康、社会适应良好和道德健康。"2000年，世界卫生组织又提出促进健康的新准则，包括"合理膳食，戒烟，心理健康与压力管理，体育锻炼"四方面，进一步细化了健康的概念。

由此可见，身心平衡、情感理智、和谐是一个健康人的必备条件。衡量一个人健康与否应当从身体、心理、社会适应、道德品质四个方面来判断，体现了现代社会对健康较为全面的认识。

2. 健康的标准

基于对健康的认识，世界卫生组织提出了健康的十条标准。

（1）精力充沛，能从容不迫地应对日常生活和工作的压力。

（2）处事乐观，态度积极，乐于承担责任。

（3）善于休息，睡眠良好。

（4）应变能力强，能适应外界环境的各种变化。

（5）能够抵抗一般性感冒和传染病。

（6）体重适当，身材匀称，站立时身体各部分协调。

（7）眼睛明亮，反应敏锐，眼睑不发炎。

（8）牙齿清洁，无龋齿、无疼痛，牙龈颜色正常、无出血现象。

（9）头发有光泽，无头屑。

（10）肌肉和皮肤富有弹性，走路轻松有力。

（三）心理健康与心理健康的标准

1. 心理健康的概念

《辞海》（第七版）中关于"心理健康"的解释是："心理健康亦称'心理卫生'。个体良好的心理状态，且自我内部、自我与环境间保持和谐的良好状态。"

2001年，世界卫生组织对心理健康做出定义：心理健康是一种健康或幸福的状态，在这种状态中，个体得以实现自我，能够应对正常的生活压力，有效地从事工作，并能够对社会做出贡献。

心理健康可以从广义和狭义两个方面进行理解。广义上，心理健康是指一种高效而满意的、持续的心理状态；狭义上，心理健康是指人的基本心理活动的过程内容完整、协调一致，即认识、情感、意志、行为、人格完整、协调，能适应社会。本书采用广义的心理健康概念。

2. 心理健康的标准

关于心理健康的标准，世界卫生组织提出了四个方面的标准：①身体、智力、情绪非常协调；②适应环境，在人际交往中能彼此谦让；③有幸福感；④在工作和职业中能充分发挥自己的能力，过高效率的生活。

美国学者A.W.坎布斯认为心理健康、人格健全的人应该有四种特质：①有积极的自我观念；②能恰当地认同他人；③能面对和接受现实；④主观经验丰富，可供取用。

学者王希永等认为心理健康有下列标准：①智力正常，思维方式正确，能唯物辩证地看待社会、看待自己、看待一切事物；②具有高尚的情感体验，能控制自己的情绪；③能正确对待困难和挫折，不苛求环境，不推卸责任，有战胜困难的信心、勇气和毅力，有创新意识和开拓精神，顺利时不骄傲自满；④需要是合理的，动机是可行的，有理想、有追求、有社会责任感，精神生活充实；⑤具有自觉的社会公德，具有社会所赞许的道德品质，能恰当地处理好人际关系；⑥经常处于内心平衡的满足状态，出现心理不平衡时，自己可以及时地、成功地进行调整。

虽然不同的学者从不同的角度提出了心理健康的标准，但大家达成了一点共识，即心理健康是一种能够表现出良好个性和良好人际关系的心理特质结构，它是在正常发展的智力基础上形成的。需要指出的是，对于心理健康的标准，我们只能将其视作人们努力追求的理想或目标，而不能当作至理来苛责别人和自己。

（四）心理健康与身体健康的关系

人是完整的有机体，身体和心理是同一个整体不可分割的两个方面。身体疾病会引起行为和心理问题，同样，心理问题也会影响身体状况。因此，健康是生理健康和心理健康的统一，二者相互联系，密不可分。当人的生理有疾病时，容易引起情绪低落、烦躁不安、易发怒等心理不适；同样，长期心理抑郁、精神负担重、焦虑的人也易产生身体不适。可以说，健全的心理与健康的身体是相互依赖、相互促进的。

> 【小贴士】健康——从"心"开始
>
> 21世纪被称为"心理学世纪"，重要的原因就在于它是人类真正探索和发现自己的世纪。曾经有人用"100000……"来比喻人的一生，其中"1"代表身心健康，是核心；各个"0"分别代表生命中的快乐、事业、金钱、地位、权力、家庭、爱情等。人们的生活中充满着纷繁冗杂的"0"，至关重要的"1"却常常因为各种理由和借口被忽视。别忘了，一旦失去了"1"，所有的浮华和喧嚣都归于沉寂。

二、大学生的心理健康

大学生的年龄一般在18～25岁之间，从心理学的观点来看，正处于青年中期。大学生的心理既具有人类青年中期的一般心理特点，又具有大学生这个特殊群体的心理特点。

（一）大学生心理健康的标准

我国学者王登峰、张伯源提出了当代大学生心理健康的八项标准。

（1）**了解自我，悦纳自我。**能够体验到自己存在的价值，既能了解自己又能接受自己，有自知之明。即对自己的能力、性格和优缺点都能做出恰当的、客观的评价，能定出切合实际的目标和理想，不会对自己提出苛刻的、非分的期望与要求；对无法补救的缺陷，也能安然处之，但同时也会努力发展自身的潜能。

（2）**接受他人，善于与人相处。**乐于与人交往，不仅能接受自我也能接纳他人，能认可别人存在的重要性和作用。他们能被他人理解，被他人、集体接受，能与他人进行沟通和交往，人际关系协调和谐；在集体中无孤独之感；在与人相处时，积极的态度（如同情、友善、信任、尊敬等）多于消极的态度（如猜疑、嫉妒、畏惧、敌视等），因而在社会生活中有较强的适应能力和较充足的安全感。

（3）**正视现实，接受现实**。能够面对现实，接受现实，适应现实，并进一步改造现实；对周围事物和环境能做出客观的分析和评价，并能与现实环境保持良好的接触；既有高于现实的理想，又不会沉湎于不切实际的幻想与奢望。对自己的能力有充分的信心，对生活、学习和工作中的各种困难和挑战都能妥善处理。

（4）**接受生活，乐于工作**。能珍惜和热爱生活，积极投身于生活，并在生活中享受人生的乐趣。能在工作中尽可能地发挥聪明才智，从工作中获得满足和激励；同时也能把工作中所积累的各种有用信息、知识和技能储存起来，便于随时提取使用，以解决可能遇到的新问题，使工作更有成效。

（5）**能协调和控制情绪，心境良好**。愉快、乐观、开朗、满意等积极情绪总是占优势，虽然也会有悲、忧、愁、怒等消极情绪，但持续时间一般不会太长；能适度地表达和控制自己的情绪，喜不狂，忧不绝，胜不骄，败不馁，谦而不卑，自尊自重，在社会交往中既不妄自尊大，也不退缩畏惧，对于无法得到的东西不过于贪求，对于自己所拥有的感到满意，心情总是开朗的、乐观的。

（6）**人格完整和谐**。包括气质、能力、性格，以及理想、信念、动机、兴趣、人生观等人格结构的各个方面都能平衡发展。思考问题的方式是适中和合理的，待人接物懂得采取恰当灵活的态度，对外界刺激不会有偏颇的情绪和行为反应；能够与社会的步调合拍，也能和集体融为一体。

（7）**智力正常**。智力是人的观察力、记忆力、想象力、思考力和操作能力的综合。一般常用智力测验来诊断智力发展的水平。智力正常是人正常生活最基本的心理条件，也是心理健康的重要标准。

（8）**心理行为符合年龄特征**。在生命发展的不同年龄阶段会有不同的心理行为模式。心理健康的人应具有与同年龄多数人一致的行为特征。如果一个人的心理行为经常严重偏离其年龄，一般都是心理不健康的表现。

【扩展阅读】

马斯洛提出的大学生心理健康标准

美国著名心理学家马斯洛对大学生心理健康提出了以下十条标准。

第一，有充分的自我安全感。

第二，能充分了解自己并能恰当评估自己的能力。

第三，生活理想切合实际。

第四，不脱离周围的现实环境。

第五，能保持人格的完整与和谐。

第六，善于从经验中学习。

第七，保持良好的人际关系。

第八，能适度宣泄情绪和控制情绪。

第九，在符合团体要求的范围内，能有限度地发挥个性。

第十，在不违背社会规范的前提下，能适当地满足个人的基本需求。

心理健康：修身的关键要素

"修身、齐家、治国、平天下"，这句源自《大学》的经典名言，构建起从个人修养到社会治理的宏大体系，揭示了个人成长与社会发展之间紧密相连的逻辑关系。习近平总书记2014年5月4日在北京大学师生座谈会上的讲话中指出："中国古代历来讲格物致知、诚意正心、修身齐家、治国平天下。从某种角度看，格物致知、诚意正心、修身是个人层面的要求，齐家是社会层面的要求，治国平天下是国家层面的要求。"这一论述深刻阐释了传统理念在现代语境下的多维度意义，强调了不同层面要求之间的连贯性与递进性。在这个体系中，修身处于基础地位，而心理健康又是修身的重要内容。心理健康意味着心理的各个方面及活动过程都处于良好或正常的状态。它并非仅仅指没有心理疾病，更涵盖了性格良好、智力正常、认知正确、情感适当、意志合理、态度积极、行为恰当、适应良好等多个维度。心理健康的人能够正确认识自我，自觉控制自己的情绪与行为，以理性的态度对待外界影响，从而使心理保持平衡与协调。

心理健康对于个人潜能的发挥、家庭的和谐以及社会的稳定都具有不可替代的作用。在当今社会，我们应当高度重视心理健康，积极采取措施维护和提升心理健康水平，让自己成为身心和谐、蓬勃向上的个体，进而为家庭、社会的和谐发展贡献力量。

（二）正确理解大学生心理健康的标准

心理健康是一个动态的过程，心理健康的标准也是一种理想尺度（图1-4），正确理解心理健康的标准应注意以下几点。

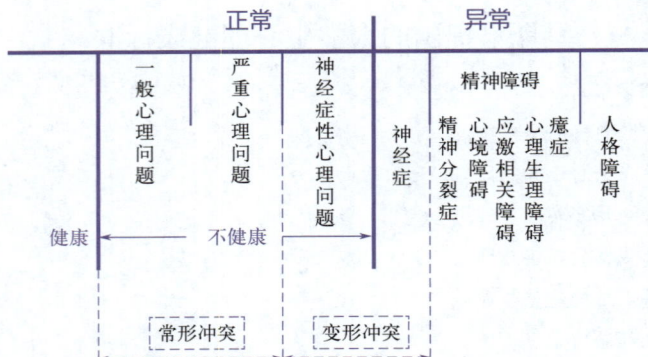

图1-4　心理正常与不正常的常用分级标准

1.心理健康标准的相对性

心理健康与不健康并无明显界限，它是一个连续化的过程，如将正常心理比作白色，将不正常心理比作黑色，那么在白色与黑色之间存在一个巨大的缓冲区域——灰色区（图1-5），绝大部分人的心理健康状况都处在这个灰色区域，也就是说绝大部分人都会或多或少有些心理健康问题，也有人称之为"第三状态"或"亚健康状态"。这说明，对多数大学生而言，面临心理问题是正常的，不必大惊小怪，应正确认识并积极加以调适和矫正。

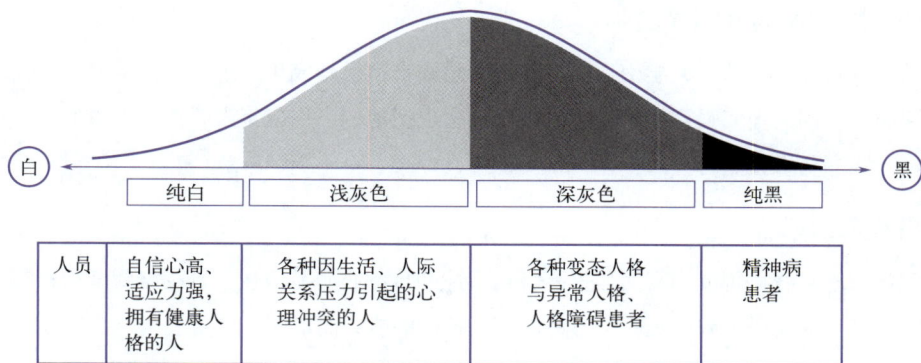

白				黑
	纯白	浅灰色	深灰色	纯黑
人员	自信心高、适应力强，拥有健康人格的人	各种因生活、人际关系压力引起的心理冲突的人	各种变态人格与异常人格、人格障碍患者	精神病患者

图1-5　心理健康"灰色区"示意图

2.心理健康的整体协调性

把握心理健康的标准，应以心理活动为本，考虑其内外关系的整体协调性。从心理过程看，健康人的心理活动是一个协调的完整统一体，这种整体协调保证了个体对客观世界的反映是高度准确和有效的。从个性角度看，每一个人都有自己长期形成的稳定的个性心理，在没有明显的外部因素影响下是不会轻易发生改变的。从个体与群体的关系看，每个人在现实中可划归为不同的群体，不同群体间的心理健康标准是有差异的。

3.心理健康标准的理想性

心理健康的标准是一种理想尺度，它为人们提供了衡量心理是否健康的标准，同时也为人们指出提高心理健康水平的努力方向。在日常生活中不可把人短时的情绪问题和内心冲突问题归结为心理问题。

4.心理健康标准的发展性

心理健康的状态不是固定不变的，而是动态发展的，不健康的心理可以说是人生中不可避免的发展性问题。随着人的成长、经验的积累、环境的改变，心理不健康状态也会有所改善，也就是随着个体的心理成长而逐渐调整、趋于健康。

总之，不健康的心理行为不能完全等同于心理不健康，"心理健康"与"心理不健康"之间并不是泾渭分明的，两者在一定条件下可相互转化，心理健康的标准是一个相对理想的尺度，心理健康状态是一个变化发展的过程。

第二节
大学生心理发展的特点及常见问题

一、大学生心理发展的一般特点

（一）成人感和独立性明显增强

随着生理特性的成熟，大学生不仅从体态上感到自己已是成年人了，而且从内心体验上加强了这种成熟感，因而他们强烈要求身边的人和社会也把他们当作成年人看待，极力摆脱他人的约束和干涉，强烈要求独立自主。

（二）自我意识增强

自我认识和自我评价能力有明显提高，自主性和自尊心明显增强，自我需要增加；但容易急功近利，在某些需要得不到满足时又容易因怀疑自己的能力而走向自卑。

（三）智力发育到高峰期，精力旺盛

大学生正处于人生充满活力的青春期，精力充沛、血气方刚、思维敏捷、充满热情、富有创新精神，对未来充满憧憬，易接受新生事物；需求多元化，尤其是精神方面的需要，要求丰富多彩的文化生活；渴望实现自我价值，关心社会和未来的发展，强烈渴望参加各种社团组织以锻炼和展示自己的能力，获取更多的人生经验。

（四）需要复杂，情感丰富，但情绪不稳定

大学生的需要复杂多样，既有衣食住行等基本生活需要，又有迫切的交往需要和成就感需要，渴望理解和尊重，寻求友谊和爱情。他们还有自我实现和求真、求善、求美的高层次需要。复杂、强烈的需要导致大学生的情绪与情感体验丰富而深刻。另一方面，他们的情绪和情感也具有不稳定的特点：时而沉静时而活跃，时而积极时而消极，时而肯定时而否定，时而内隐时而外显。此外，大学生血气方刚，具有勇往直前的气魄，但也有盲目蛮干的倾向，尤其是在感受到挑衅和敌意时，容易情绪失控，呈现出冲动性特点。

（五）性意识发展迅速，交往异性的愿望强烈

大学生有充分的机会与同龄异性接触，性意识迅速发展，但因为正确的性角色观念和性角色行为尚未完全建立，往往不善于处理与异性的交往及恋爱问题，容易导致心理冲突，影响身心健康，恋爱问题也成为大学生心理发展过程中的一项重要内容。

二、大学生常见的心理问题

（一）环境适应不良

环境适应不良主要是指大学生在心理上不能很好的适应新的校园环境。这类问题多发生于新生。一方面，绝大多数新生都是第一次远离家门，离开父母、亲朋和熟悉的环境，来到陌生的校园，生活中的方方面面都需要独自面对和处理，心理上会出现一定的不适；另一方面，大家来自不同地区，家庭经济条件不同，地域文化和生活习惯不同，也会给一些大学生带来心理压力和自卑情绪。

（二）人际交往问题

由于人们之间的个性、兴趣、需要、动机、态度、价值观、经验及行为方式等不完全相同，交往双方需要相互悦纳，讲究交往技巧，才能建立良好的人际关系。对于进入准社会群体的大学生来说，人际交往关系的建立并不是一件简单的事情。那些性格内向、孤僻，有自卑、自闭心理，或者有过人际交往失败经历的大学生，常常会出现沟通不良、人际冲突等交往障碍，进而影响正常的学习和生活。

（三）与学习有关的心理问题

与中学学习相比，大学学习在学习目标、学习方法和学习内容等方面均有明显的不同，更多地要求大学生自主学习、自觉探索。一些大学生忽视了学习方法的调整，刻板地沿用中学阶段的学习方法来应对大学学习，以至难以适应，感到不知所措，严重的会出现焦虑、自卑、厌学等情绪。也有一些大学生进入大学后，学习目标不明确、学习动机缺乏，或者因为所学专业与兴趣不一致等，出现学习受挫、困惑迷茫等一系列问题。此外，大学生除课堂学习外，还会参与各种社会实践活动，一些大学生因无法很好地平衡学业和社会实践活动之间的关系而倍感压力。

（四）恋爱与性有关心理问题

大学生伴随着性心理的发展成熟，也会出现与性有关的心理问题。如有的深陷恋爱不能自拔，迷失方向；有的因失恋而沮丧，萎靡不振；有的陷入单相思或多角恋爱而不知该如何处理；有的因没有交往对象而自惭形秽……除此之外，部分学生还由于各种原因导致性心理问题，如因手淫背上沉重的精神负担，沉溺于性幻想，出现个别性变态行为等。与恋爱和性有关的心理问题，是大学生心理健康问题中很重要的方面。

（五）职业规划与择业心理

当前，大学生就业压力大，竞争激烈，大学生都希望找到理想的工作单位和岗位，但是实际情况并不能人人如愿，有的人缺乏勇气和自信，不敢向用人单位进行自我推荐；有的因对择业中某些消极社会现象产生激愤情绪而逃避现实，丧失最佳的择业时机；有的面对五花八门的人才招聘，不知今后的人生之路如何选择而无所适从。如何在就业压力大的情况下实现自我发展成为当代大学生必须面对的问题。

【案例讨论】

A和B是同宿舍的大一新生，A的家庭较为清贫，而B家境殷实。两人住在上下铺，却无法和平共处。

大一报到时，A最早到校，主动打扫宿舍、熟悉环境并热心帮助室友。而最后报到的B则全家陪同，阵仗颇大。

此后，B常占用宿舍公共空间堆放物品，且不主动收拾，A多次提醒并帮忙整理，B却依然我行我素。B家每周送来高档水果，热情分享时A始终拒绝。A对B的消费行为常表现出排斥，B分享购物成果时A会拉上帘子。舍友聚餐，A因觉得贵不去，还拒绝B帮付饭费的提议。A对B敬而远之，B对A的态度也感到不悦，两人关系越来越紧张。

智慧点拨

从心理健康角度来看，此案例反映出多重问题。

① 家庭环境对人格发展的影响。A因家境原因，从小独立且养成节俭习惯，形成了较强的自主意识和边界感，在集体生活中更注重规则与公平，对B占用公共空间的行为难以接受。而B成长于经济优渥的家庭，习惯被照顾，缺乏对公共空间的边界意识，其分享行为虽出于善意，却未考虑他人的感受。

② 价值观差异引发的心理冲突。A的拒绝本质上是对自身价值观的坚守，B的物质分享在A看来可能是一种"施舍"，触动了其敏感的自尊，进而产生防御心理。B则难以理解A的节俭与排斥，产生困惑与委屈，双方陷入认知偏差。

③ 不良沟通模式加剧矛盾。两人均未采用有效沟通解决问题，A通过冷漠、回避表达不满，B则未察觉A的心理需求，持续以自身方式互动，导致误会加深。

本案例提醒大学生在集体生活中，需加强共情能力，学习换位思考与积极沟通，以化解因背景差异引发的冲突。

【扩展阅读】　　蔡元培——中国现代心理学先驱者

1908年深秋，德国莱比锡大学的红砖小楼里，61岁的威廉·冯特（现代实验心理学创始人）正在示范反应时实验。台下，一位清瘦中国人认真记录着——他就是蔡元培，冯特唯一的中国弟子。三年里，蔡元培把冯特的"心理实验课"连听三遍，笔记本上密密麻麻画满了仪器草图。

1917年初春，北大红楼。新任校长蔡元培把陈大齐推进一间不足十平方米的屋子："这就是中国第一个心理实验室。"空荡荡的屋子里只有一张桌子，桌子上摆放着从德国带回的节拍器、色轮和铜制反应键。这也是中国第一个心理实验室。1926年，北大心理学正式独立成系。

1929年5月，南京成贤街中央研究院内，蔡元培把盖着印章的聘书递给唐钺。五年后，心理所的猴子在迷箱里学会了按杠杆，孩子们在修订的比奈-西蒙智力量表前皱眉思索，汉字横竖书写的速度曲线第一次被量化。

1939年，病榻上的蔡元培仍在修改美国新出版的《心理学》书稿的中文译本清样，用毛笔在扉页写下一行小字："方法者，科学之灵魂也。"窗外，上海心理研究所的烟囱正冒着白烟，像极了当年莱比锡实验室的冬日雾气。

第三节
大学生心理咨询

当大学生发现自己出现一些心理问题或存在某种心理障碍时，可以选择去学校设立的心理辅导中心寻求专业心理老师的帮助。

一、心理咨询的内涵

所谓心理咨询，是指专业人员即心理咨询师运用心理学理论、知识和方法，通过语言、文字及其他信息传递方式，与咨询对象共同分析、研究和讨论，找出咨询对象的心理问题所在，并且在心理咨询师的帮助、启发和指导下，咨询对象找出问题的解决办法，克服情绪障碍，恢复与社会环境的协调适应能力，从而维护身心健康。心理咨询的目的在于帮助咨询对象避免和消除不良心理因素的影响，并产生认识、情感和态度上的转变，对于大学生而言就是解决学习、生活等方面出现的各种疑难问题，从而更好地发展自我。具体地说，大学生心理咨询的目的，一方面是针对大学生在学习、生活中遇到的各种问题，结合其认识特点和行为特征，提供必要的指导，帮助他们增强对环境的适应能力，处理好人际关系，提高学习效率；另一方面是使大学生进一步建立明确的自我认识，特别是对自我能力、素质方面的认识，帮助他们认识和开发自身的潜能，不断突破自我局限，全面、充分地发展自己。

二、大学生心理咨询的内容

（一）大学生心理发展一般问题咨询

大学生心理发展一般问题咨询的内容主要包括：根据大学生的身心特点及发展规律，帮助其解决心理挫折导致的心理问题；青春期性心理卫生、异性交往等问题；大学生与教师、同学的人际交往问题；班集体的组织与管理问题；家庭、社会和群体（包括班集体及其他小群体）对大学生身心发展的影响问题；不同时期的心理健康问题；大学生的人格发展问题；不适应行为、不良习惯及问题行为的矫治问题；重大事件或应激源对大学生的影响问题等。

（二）教育与学习咨询

教育与学习咨询的内容主要包括：大学生的学习动机问题；教学内容、教学方式及教学环境对大学生认知过程的影响问题；培养良好的学习习惯和纠正不良的学习习惯问题；各种学习障碍的克服问题；学习方法的自我检查与调整问题；智力发展与品德教育的关系问题；学习困难及学校适应不良问题；思想教育的方法及措施的有效性问题；特殊大学生（既包括超常大学生也包括智力落后大学生）的教育及教学问题等。

（三）升学与就业咨询

升学与就业咨询也是大学生心理咨询的重要内容，主要包括：大学生能力（一般能力与特殊能力）问题；性格与职业兴趣的测量问题；专业选择问题；职业选择或职业走向问题；就业前的心理适应问题；就业与升学信息咨询问题等。

（四）心理及行为障碍咨询

心理及行为障碍咨询是指对大学生常见的各种心理与行为障碍（或异常）的预防、诊断、治疗及预后处理等。青春期及青年早期各种生理及心理的变化带来的心理与行为上的不适应是大学生各种心理疾病的源头；另外，早期（如童年期）存在的各种心理与行为障碍也会持续到大学阶段。心理及行为障碍咨询的内容主要包括：环境适应问题；各类神经症（恐惧症、强迫症、抑郁症、焦虑症等）问题；性心理或性行为异常（如恋物癖、窥阴癖、露阴癖、性倒错倾向等）问题；各类行为障碍（如口吃、刻板行为、多动、不良习惯等）问题；人格障碍或病态人格问题等。

> **【小贴士】高校开展心理咨询的主要任务**
>
> （1）咨询师向来访的教师、行政人员及大学生家长提供有关心理健康的信息和指导。
>
> （2）对心理异常的大学生进行初步诊断，依据一定的心理学原理对来访大学生的心理和行为问题提供帮助。
>
> （3）贯彻预防为主的方针，推行和实施学校心理卫生计划。

三、大学生心理咨询的类型

（一）发展性心理咨询

发展性心理咨询的对象通常是正常的、健康的，无明显心理冲突，基本适应环境的个体，咨询的目的是让咨询者增强自我认识能力、社会适应能力与发展能力，发挥潜能，提高学习和生活的质量，促进自身全面发展，如探讨提高学习效率的最佳方法，获得人际交往的技巧和方法，测定自己的气质、性格特点等。

（二）适应性心理咨询

适应性心理咨询的对象基本健康，但在现实生活中有各种烦恼和压力，有明显的心理矛盾和冲突，咨询的目的是排除心理困扰，减轻心理压力，改善适应能力，如新生入学后对环境适应不良而焦虑，因学习成绩上不去而苦闷，因单恋或失恋而不能自拔，过度自卑等。

（三）障碍性心理咨询

障碍性心理咨询的对象通常患有某些心理疾病，已影响正常的学习和生活，求治心切，咨询的目的是挖掘病因，找到对策，消除痛苦，恢复心理健康。

四、大学生心理咨询的主要形式

心理咨询有多种不同的形式。按照咨询对象的数量来划分，主要有个体咨询和团体咨询；按照咨询的途径来划分，主要有门诊咨询、书信咨询、电话咨询、宣传咨询和现场咨询等。一般来说，高校的心理辅导中心采取的心理咨询形式主要是按照咨询对象的数量来划分的。

（一）个体咨询

个体咨询是指由咨询对象单独向咨询机构提出咨询要求，一般也由单个心理咨询师出面解释、劝导和提供帮助的一种方式。个体咨询的会面次数、时间由双方约定。具体咨询时长应根据咨询对象的实际情况确定。在大多数情况下，个体心理咨询主要针对咨询对象在学习、日常生活过程中出现的心理问题。但在需要的时候，心理咨询师也会对咨询对象的异常行为进行治疗。就整个过程而言，心理咨询师很注重通过增强咨询对象对其问题的认识来改变咨询对象对事物的认知。

个体咨询的最大优点是咨询师和来访者有机会建立彼此信任的关系。这种关系给咨询对象提供了安全感，有助于咨询对象袒露真实的内心。个体咨询的咨询对象并非处于完全被动的地位，针对心理咨询师提出的建议，咨询对象完全可以参与其中，拥有互动的体验。

（二）团体咨询

团体咨询是指由心理咨询师根据咨询对象所提出的问题，将咨询对象分成若干个课题团体分别进行讨论，引导、指导、解决咨询对象共同关心的心理问题的一种方式，也可以由咨询对象自愿组成小组，根据共同的心理障碍进行咨询。团体咨询的人数要求并不严格，一般以10人左右为宜。团体咨询旨在利用集体的智慧与力量来帮助咨询对象共同克服困难，解决问题。

在团体咨询中，团体成员之间的交流是多向的。这种多向交流，有利于成员之间产生共鸣。成员可以观察、了解到其他人也有与自己类似的苦恼，这有助于自我认识和稳定情绪。问题相似，解决问题的迫切性也相同，会促使他们积极地讨论，集思广益；也会促使他们相互支持，相互帮助，相互影响。团体咨询的方式给咨询对象提供参加社交活动的机会，采用示范、模仿、练习等方法，可以使咨询对象逐渐克服各种交往障碍，对于孤僻、害羞等社会交往障碍能起到有效的作用，但团体咨询也有难以弥补的缺陷，如在团体中有些咨询对象会不愿意暴露实质性又带有隐私性的信息。

五、大学生接受心理咨询时应注意的问题

目前，全国各大高校都建立了大学生心理咨询中心，但是大学生对心理咨询的认同和利用心理咨询方式解决心理困惑的情况却并不尽如人意。有关调查显示，很多大学生在遇到心理问题时往往更乐意向朋友和家人倾诉，很少想到通过心理咨询的方式来解决。有部分大学生不去心理咨询中心是害怕别人认为自己不正常。实际上，心理上的疾病和身体上的疾病一样，若不及时治疗，会使病情加重。此外，大学生在进行心理咨询时也要注意一些问题，这样才能更好地帮助自己获得预期的效果。

（一）正确认识心理咨询

心理咨询所遵循的是一种教育模式，而不是医学模式。在咨询过程中，咨询对象被看作正常人，而不是病人。对大学生而言，心理咨询的主要目的是对其在生活或学习中出现的一些心理上的困扰进行疏解。所以，不要错误地认为只有心理出现问题的人才进行心理咨询，大部分咨询对象是为了解决自己的苦恼，让自己的心理更加健康。

（二）相信心理咨询师

对于自己的问题不要羞于开口或含糊其词，不必有太多的顾虑。心理咨询师关注更多的是来访者叙述的内容而不掺杂其他因素，所以开门见山地谈论自己的问题就好。还有，要相信在咨询室里是绝对安全的。对于个人的隐私，心理咨询师会严格保密，因为保密是心理咨询师必须遵守的行业信条，是从业者的基本素质之一。

（三）正确看待心理咨询的作用

在整个心理咨询过程中，心理咨询师做的是帮助咨询对象认清事实，分析利弊，开阔和转变思路，疏导不良情绪。问题的最终解决还是要靠咨询者自身，即在心理咨询师的帮助下，树立正确的观念，摒弃原有的错误观念，最终实现心灵的解脱。

心理问题往往是长久累积的结果，解决它需要时间和过程，更需要努力和耐心，急于求成往往会导致心理问题愈演愈烈，而保持平和的心态，按照心理咨询师的指导一步步进行才有利于问题的解决。

（四）注意咨询的方式

在进行心理咨询时，咨询对象可能会渴望倾诉心中的苦闷。当然，倾诉是心理咨询所必需的，但注意不要纠缠于细枝末节。心理咨询师在了解来访者的基本情况后，更关注的是来访者对问题的看法和感受，不会就事论事给咨询对象一个结论。所以，不要在一些不相关的事情上占用太多时间。

当大学生遇到心理困扰时，可以通过心理咨询这一较为科学的方式来疏解心理问题，帮助自己更好地了解自己，更好地解决自身的问题。

【心理测试】
心理健康自我检测

在表1-1中，请在符合自己情况的项目栏中打"√"。根据测验的结果，可将受测者的心理健康水平分为4类。

表1-1　心理健康自我检测表

序号	项　　目	检测标准				
		无	轻	中	重	很重
1	身体衰弱感					
2	身体有刺痛感					
3	怕痛					
4	皮肤破了不易好					
5	动作迟钝					
6	注意力难集中					
7	记忆不好					
8	丧失兴趣					
9	感到苦恼					
10	因病痛而感到烦躁					
11	常为一些小事而着急					
12	平时情绪易紧张					
13	关心身体的程度超过了身体的实际需要					
14	遇到紧急的事会心跳或出汗					
15	情绪易波动					
16	思维迟钝					
17	想象力贫乏					
18	容易发怒					
19	很难控制自己的情绪					
20	精神不能放松					
21	情绪易冲动					
22	很难入睡					
23	为自己的病情焦虑					

【打分标准】

分别统计表中"无""轻""中""重""很重"的数量。

【自我评析】

第一类：心理健康水平高——表中2／3以上项目答"无"者。

第二类：心理健康水平一般——表中1／3～2／3的项目答案为"无"，其余基本为"轻"。

第三类：心理健康水平较低——表中半数左右的答案为"无"，其余分布于各等级。

第四类：心理不健康——表中答案基本上分布于"重""很重"两栏。

说明：此表用于粗略检查，不能用于正式诊断或筛选。

【活动设计】

活动可以安排在校园内进行。活动以小组为单位，5～7人为一组；所需时间根据参加的人数和所列搜寻项目的数量来决定；每组都会有一份"寻猎"的项目列表。

【活动目的】

培养团队合作意识，使同学之间相互了解。

【具体步骤】

1.自行设计"寻猎"列表。

2.将班级成员进行分组，5～7人一组。

3.告知参与者他们将一起去参加一个搜寻活动，获胜的小组将得到奖励。

4.将"寻猎"列表交给各小组，告诉他们要尽可能多地找到表中所列项目。

5.设置时间限制，如1小时。

6.时间到，各队回到出发点集合，看哪队得分最高。

本章推荐资源

第二章 大学生自我意识

【情境导入】

古希腊特尔斐城阿波罗神庙前的一块石碑上刻着这样一句铭文："认识你自己。"这句铭文表现了人类与生俱来的认识自我的内在要求。这也是古希腊哲学家苏格拉底穷其一生探索的生命命题。

宁静的夜晚，仰望深邃的星空，我们经常会自问："我是谁？""我为什么活着？我的人生目标是什么？""在社会中我处于什么位置？""我如何才能成为理想中的人？"这些在心理学中都属于自我意识的范畴。自我意识是个体意识发展的高级阶段，是一个人心理成熟和心理健康的重要标志。

自我意识的良好发展是心理健康的基础。大学生只有客观准确地认识自我和了解自我，并对自己持接受和开放的态度，才能更好地发掘自己的潜能，保持心理健康，幸福快乐地生活。

【学习目标】

① 了解自我意识的内涵；
② 理解大学生自我意识的形成规律；
③ 掌握积极健康自我意识的培养途径。

【本章重点】

自我意识　自我意识结构　自我意识发展规律　积极自我意识的培养途径

第一节
自我意识概述

一、自我意识的概念

　　自我意识是意识的一种形式，是意识的核心部分，是个体在社会实践中对自己存在的觉察，即自己认识自己的一切。自我意识包括三个层次：自我的生理状况（如身高、体重、体型等），自我的心理特征（如能力、性格、气质、兴趣等）和自我的人际关系（如人己关系、群己关系等）。简而言之，自我意识是指个体对自己及自己与周围环境关系的认识，包括对自己存在的认识，以及对自己身体、心理、社会特征等方面的认识。这种认知体系是通过观察外部行为、分析情境因素以及进行社会比较等方式逐步构建的。

【扩展阅读】

弗洛伊德的自我意识冰山理论

　　自我意识是意识的核心部分，也是个性心理的核心问题之一，心理学家对此进行了大量研究。精神分析学派创始人奥地利的弗洛伊德认为，人的意识主要包括意识和无意识两个部分，并且无意识决定了人的许多行为，后来又将这一理论发展成"自我的三结构说"：从本我（id）、自我（ego）和超我（superego）这人格的三个维度研究自我的发展，并提出了著名的冰山模型（图2-1）。

　　·海平面以上部分的冰山叫"意识"，是外显的行为。
　　·海平面以下部分的冰山统称为"无意识"，包括想法、信念、情绪、担忧、态度、偏见、身份、价值、行为模式等。其中在海平面上下浮动变化的部分称为"前意识"，完全在海平面之下的部分称为"潜意识"。

　　从下图可以看出，潜意识的占比远超过意识，此理论强调了潜意识对人的发展的重要性。在心理学领域，心理学家们也更加注重发掘潜意识的能量。

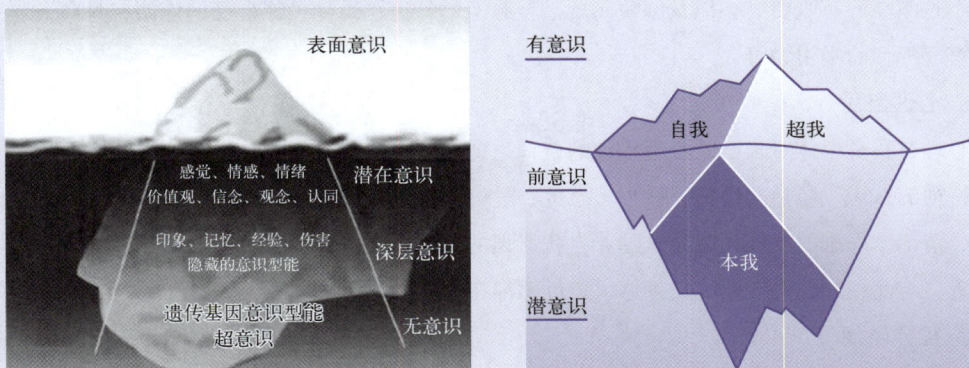

图2-1

弗洛伊德人格理论

图2-1 弗洛伊德冰山模型

至善原则 超我 纯粹道德化的状态
人们向往的终极理想
价值观的存储处

现实原则 调节作用 自我 调节作用 受到了外界影响转变为一种外界能接受的形式
起到调节作用，平衡本我与超我的冲突
既要满足本我的需要，又要考虑超我的要求

快乐原则 本我 原始的、与生俱来的那个本能的我
原始本能欲望、原始驱动力的存储处

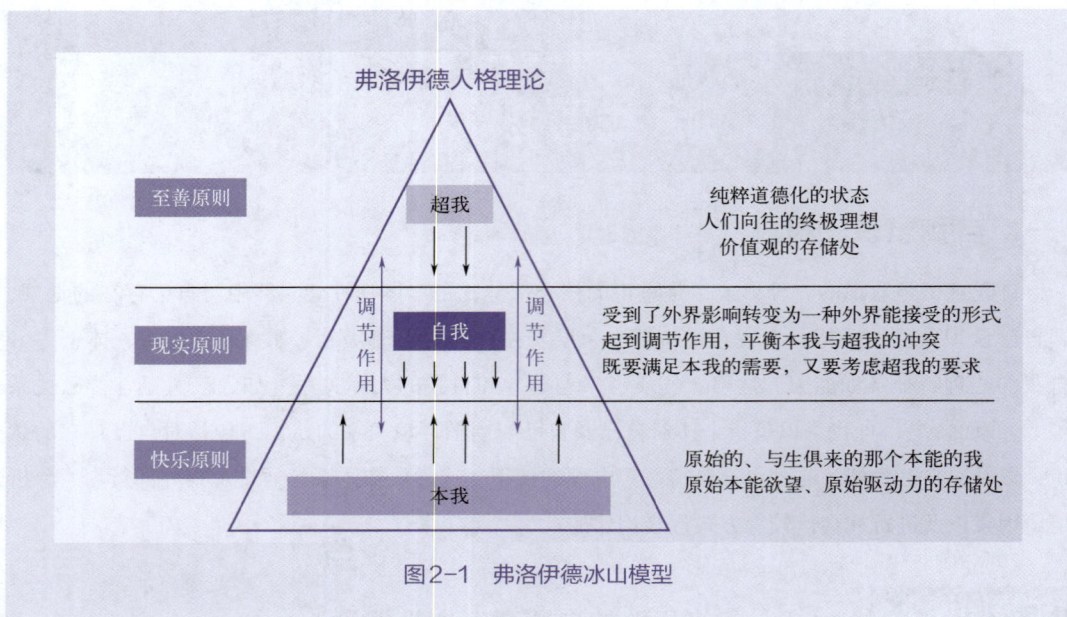

二、自我意识的结构

自我意识不是单一的心理品质，而是一个完整的心理结构。心理学家约翰·梅耶将自我意识简单地定义为"同时觉察到自己的情绪以及对这种情绪的想法"。根据自我意识多层次、多维度的特点，我们可以从内容、形式两个角度对自我意识的结构进行解析。

（一）内容角度的自我意识的结构

从内容来看，自我意识可分为生理自我、心理自我与社会自我。

1. 生理自我

生理自我是最原始的形态，是个体对自己身体（身高、体重、容貌、性别等）的认识及对温饱饥饿、亢奋疲乏等感受。大学生正处于青年中期，其生理自我处于高度关注时期，女生关注自己是不是漂亮、有吸引力，以及胖瘦高矮甚至脸上的雀斑；男生关注自己的体型与身高，以及生理器官、声音的吸引力等。

2. 心理自我

心理自我是个体对自己的心理活动的认识，即对自己心理品质的认识和评价，主要是对自己心理特征的认识，包括对性格、智力、态度、爱好等的自我认识和自我体验。它的发展同个体的生理、情绪、思维的发展相联系。随着自我意识的发展，个体的社会角色渐渐浮出水面并占据重要位置，与此相应的责任感、义务感、角色感都在增强。

3. 社会自我

社会自我是个体对自己在社会关系、人际关系中的角色的认识，即对自己在集体中的地位及自己与他人相互关系的评价和体验，如是否受人尊重和信任、在集体生活中所处的位置等。它的

一个突出表现是自我控制，也就是自制力和坚持性。

生理自我、心理自我、社会自我密切联系、相互影响，不同的人比例和搭配不同，构成了个体与个体自我意识之间的差异。这也使得每个人都有对人、对己、对社会的独特看法和体验。

（二）从形式角度的自我意识的结构——知、情、意的自我意识

从形式上看，自我意识表现为认知的、情感的和意志的（知、情、意）三种形式，分别称为自我认知、自我体验和自我调控（图2-2）。

1. 自我认知

自我认知是主观自我对客观自我的评价，包括自我观察、自我感觉、自我观念、自我分析、自我评价等。自我认知解决"我是一个什么样的人"的问题，客观地回答这个问题并不是件容易的事，会贯穿我们整个人生。人的自我发展也是连续的、终生的过程，"认知你自己"将是每个人终生的课题，亦是人类永恒的话题。

2. 自我体验

自我体验是在自我认识基础上形成的个体对自身的情感反应。自我认知主导自我体验的产生，而自我体验又会反过来巩固自我认知，具体表现在"自我接纳程度""自我价值评判"等维度。自我体验涵盖多种表现形式，既包含自尊自爱、自信自觉等正向情感，也涉及义务责任意识、荣誉羞耻感知等复合型心理状态。

在传统的教育中，我们对自我体验的重视与强化不够。事实上，自我体验对成长中的个体而言，具有不可替代的重要作用。有时，同样的事件，不同的人的体验截然不同。

3. 自我调控

自我调控是对自己行为、思想和言语的控制，以达到自我期望的目标。包括自我激励、自我暗示、自强自律，核心内容是"我将如何规划自己的人生"。自我调控是自我意识中的最高阶段，其核心是"我应该做什么""我应该成为什么样的人""我可以选择如何做"。我们经常讲的"自我管理能力"就是自我控制的能力。

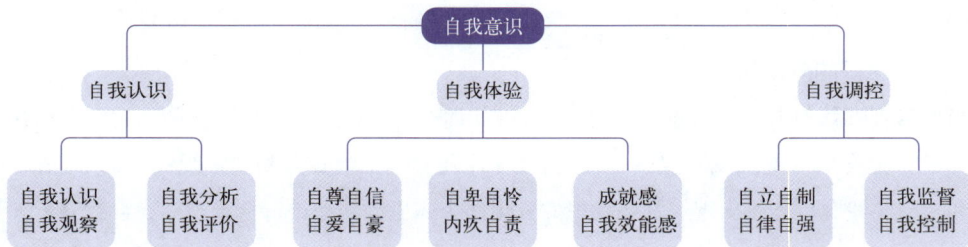

图2-2　从形式角度的自我意识的结构

综上所述，自我意识是个性结构中的自我调节系统，是一个人对自己的认知、体验和控制，体现着一个人的成熟度，决定着一个人个性心理的发展水平，是隐藏在个体内心深处的心理结构。自我认知是自我体验和自我调控的基础，自我体验能强化自我调控，自我调控的结果又会丰

富自我认知，三者是相互联系、密不可分的。自我意识的结构可归纳为表2-1。

表2-1 自我意识的内容

形式	自我认知	自我体验	自我调控
生理自我	对自己的身体、外貌、衣着、风度、家属等所有物的认识	英俊、漂亮、丑、有吸引力、迷人、相貌平平等	追求身体的外表、物质欲望的满足、维持家庭的利益等
社会自我	对自己的名望、地位、角色、性别、义务、责任、力量等的认识	自尊、自信、自爱、自豪、自卑、自怜、自恋等	追求名誉地位、与他人竞争、争取得到他人的好感等
心理自我	对自己的智力、性格、气质、兴趣、能力、记忆、思维等特点的认识	有能力、聪明、优雅、敏感、迟钝、感情丰富、理性、冷漠等	追求信仰，注意行为符合社会规范，要求智慧与能力的发展等

【小贴士】自我意识二十问：WAI技法

　　提醒别人往往很容易，能做到时刻清醒地提醒自己却很难。所以，许多危险都来源于自己。

　　WAI技法始于20世纪50年代（Kuhn & Mc Partland，1954），是对"我是谁"（"who am I"，简称WAI）这个问题自由书写出20种回答，描述头脑中浮现的关于自己的想法，故也被称为二十句测验（twenty statements test）。之后将这些描述按照自我的身体方面、社会身份属性、情绪状态等维度进行分类，整体上就可以获得对自我的全面认识。

三、自我意识的发展规律、特征、心理功能

（一）自我意识的发展规律

　　在人类个体的发展过程中，自我意识开始形成于童年时期，初步形成并定型于青少年时期，成熟于成年时期。自我意识从形成到成熟，要经历自我意识的分化、自我意识的矛盾和自我意识的统一三个阶段，经历这三个阶段也是自我意识的发展规律。同时，这三个阶段相互依存、不可分割，没有经历过自我意识的分化，没有体验过自我意识的矛盾，就不可能在深层次上实现自我意识的统一。

1. 自我意识的分化

　　当你像观察其他人那样观察自己时，自我意识就出现了分化，"我"被分化成"主观我"和"客观我"，你在用"主观我"观察"客观我"。伴随着"主观我"和"客观我"的分化，"理想我"和"现实我"也开始出现。自我意识的分化使个体更频繁地进行自我观察、自我分析、自我评价和自我监督。个体主动地关注自己的内心世界和行为，产生新的认识和体验。自我意识的分化是自我意识开始走向成熟的标志。

2. 自我意识的矛盾

　　随着自我意识的分化，个体也不得不承受与惊喜一并而来的焦虑、不安、自我怀疑、挫败感和失落感，这些消极的情感体验是由自我意识分化的矛盾产生的，具体表现为"主观我"和"客

观我"的矛盾、"理想我"和"现实我"的矛盾、独立与依附的矛盾等。随着自我意识矛盾冲突的加剧，自我意识不能统一、自我形象不能确立、自我概念不能形成，个体会产生强烈的不安感，并感到内心的痛苦。

3. 自我意识的统一

寻求平衡是生物的本能。当个体饱受由自我意识分化、自我意识矛盾所带来的痛苦时，个体会尝试以各种方式摆脱这种痛苦，这实际上就是自我意识在谋求统一，包括"主观我"与"客观我"的统一、"理想我"与"现实我"的统一、"生理我""心理我"与"社会我"的统一，以及自我与客观环境的统一。从另一个角度来说，这也是自我认知、自我体验和自我控制的统一。

总之，自我意识由分化、矛盾到统一的过程是相对的，由于个体成长环境和生活经历的不同，其自我意识分化时间的早晚，自我意识矛盾的性质和持续时间，以及自我意识统一的具体特点都有所不同。

（二）自我意识的特征

1. 自觉性

自我意识使个体对自己及自己与客观环境的关系有清醒的认识，从而使人的心理活动处于自觉的状态，主动地走向自我，并通向外界。这种自觉性能使人认识、评价、调控自己的心理与行为，从而使个体成为积极能动的主体。

2. 独特性

人的自我意识归属于个性心理，不同个体的自我意识往往具有独特的风格和形态，所谓"人心不同，各如其面"，这种独特性将人与人区别开来，使每个人成为独立的主体。

3. 社会性

个体自我意识的构建与演进根植于特定的社会文化环境，并通过社会实践逐步完成，这一过程本质上是社会化的产物。自我意识的内涵实质上映射了人与环境、人际互动以及社会关系等多维度的联系。个体自我需求的满足唯有在特定社会经济结构中才能得以实现。这决定了自我意识具有鲜明的社会属性。

4. 能动性

自我意识不仅能使人对自我有清晰的认识，而且能统领、调控个体的心理与行为，从而使自我这一被意识的客体转化为意识的主体，并帮助主体与外界环境（自然环境和社会环境）尽可能地保持协调。

5. 同一性

个体自我意识的形成与发展受社会、文化等因素的影响，而这些影响又是通过个体的具体生理、心理实现的，是在个体单独活动与社会交往的互动中完成的。自我意识是在长期的社会化过程中形成的对自己的一种稳定的认识。从青年期开始，个体对自我的基本认识和基本态度会基本保持不变，表现为"主体我"和"客体我"同一的心理面貌。同一性是良好的自我意识的标志。

（三）自我意识的心理功能

1. 决定个体行为的倾向性

人是社会的动物，人的行为既受诸多社会因素影响，又在很大程度上与自己的自我意识有着密切的关系。每个人的现实行为，并不单是由其所在的情境决定的，而是与自我认知、自我意识有着密切的联系。可以说，个人怎样理解自己，是保证个体如何行为及以何种方式行为的重要前提。

2. 决定个体对经验的解释

不同的人可能会获得完全相同的经验，但每个人对相同经验的解释却可能有很大的不同。解释经验的方式取决于一个人的自我意识。事实证明，当个人的既有自我意识消极时，每一种经验都会导致消极的自我评价；自我意识积极时，每一种经验都可能被赋予积极的含义。

3. 影响个体的期望水平

自我意识不仅影响个体现实的行为方式和个体对过去经验的解释，还会影响个体对未来事情的期待。这是因为，个体对自己的期望是在自我意识的基础上发展起来的，并与自我意识相一致，其后继行为也决定于自我意识的性质。研究发现，当个体的行为动力系统出现角色偏离时，其期待水平也会处于偏低状态。

【扩展阅读】

乔哈里视窗

乔哈里视窗（Johari Window）由美国心理学家约瑟夫·卢夫特（Joseph Luft）和哈里·英格拉姆（Harry Ingham）于1955年提出，其名称"乔哈里"是两人姓氏的组合。该理论旨在通过分析自我认知与他人认知的交互关系，揭示人际沟通中的信息不对称现象，帮助个体提升自我意识并优化人际关系。

乔哈里视窗的核心模型是通过自我认知维度（个体对自身信息的知晓程度，包括"自己知道"与"自己不知道"两种情况）和他人认知维度（他人对个体信息的知晓程度，包括"他人知道"与"他人不知道"两种情况），这两个认知维度不同情况的交叉组合，将人的内心世界划分为四个象限（"窗口"）（见下图）。

公开区：代表公开的自我，也就是透明真实的自我，自己很了解，别人也很了解；

盲目区：代表盲目的自我，别人看得很清楚，自己却不了解；

秘密区：代表秘密的自我，自己了解但别人不了解；

未知区：代表未知的自我，是别人和自己都不了解的潜在部分，通过一些契机可以激发出来。

乔哈里视窗能帮助我们更好地理解自我意识以及人际交往。通过与他人分享秘密的自我，通过他人的反馈减少盲目的自我，人对自己的了解就会更多、更客观。

乔哈里视窗		
	自己知道	自己不知道
他人知道	公开区	盲目区
他人不知道	秘密区	未知区

第二节
大学生自我意识的形成

一、大学生自我意识的特点

大学阶段是个人自我意识迅速发展的阶段，也是自我意识确立的关键时期。在这个时期，大学生的自我意识趋于稳定、全面、丰富和深刻，自我认知、自我体验、自我控制三个方面趋于协调发展。大学生自我意识表现出以下几个方面的特点。

（一）大学生自我认识的发展特点

1. 自我认知的广度和深度大大提高

高校环境为大学生打开了一个全新的世界，使其视野更开阔。在这个阶段，大学生的自我认知不仅涉及自己的气质、风度和性格等一般性问题，而且还涉及自己的社会地位、社会责任、社会价值等问题。通过对这些问题的分析和思考，大学生的自我意识达到新的广度和深度。

2. 自我认识更具自觉性和独立性

高校是大学生走向社会的预热阶段，他们开始主动思考许多深刻的课题，如"我要做个什么样的人""我能为社会做些什么贡献"等，且会为了弄清这些问题而付诸行动。

另外，独立性是自我评价的重要指标。事实上，"自我"的产生就意味着主体对客观环境、他人的分离和独立。大学生的自我认识随着年龄与环境的变化，由以往依赖于成人和同龄群体逐渐发展为根据自己的价值标准取向进行自我评价和调整，表现出真正独立的倾向。

【小贴士】个体自我评价发展的两个阶段

第一阶段，自我评价开始摆脱对成人、权威的依赖，表现出反叛与对抗的倾向；在评价标准上由儿童期的成人评价标准取向转变为同龄团体评价标准取向，成为一种相对独立的自我评价与认识。第二阶段，自我评价既摆脱了对成人的依赖，又逐渐克服了同龄团体的强烈影响，形成个体独特而鲜明的自我评价。

3. 自我认识的矛盾性

青年期自我意识的确立，是在自我明显分化的基础上完成的，作为被观察者的"客观我"和作为观察者的"主观我"矛盾冲突加剧。青年期许多心理上的不适应由此而来。对于大学生而言，如果能够让主观我与客观我形成新认知水平上的协调统一，那就能建立良好的自我意识，反之则可能出现自我意识的混乱。协调程度不足时，也可能出现阶段性困惑或调整需求。大学生自我意识的混乱通常表现为两种类型：一种是过高的自我评价，另一种则是过低的自我评价。

（二）大学生自我体验的发展特点

1. 自我体验的丰富性

随着大学生知识经验的增长、人际交往关系的扩大、生理心理的进一步成熟以及对自我内心活动的关注，会出现许多以往少有的自我体验，如自爱自怜、自责自怨、自得、自负、自卑等。

2. 自我体验的深刻性

大学生的自我体验不仅更加丰富，深度也在不断发展。从自我体验的内容上来说，少年时期的个体更多地关注外貌长相，并因之产生喜怒哀乐的情绪体验；青年期的个体则将注意力放到能力、品行等内在的个性品质，以及社会价值、事业成就、地位等方面。从自我体验的程度上来说，大学生由于生活环境的特殊性，对自己往往抱有更大的期望，自我体验也尤其强烈和深刻。

3. 自我体验的波动性

青年期是个体一生发展最波动的时期，生理的成熟、外界种种复杂变化的刺激都会造成青年情绪上的不稳定性，表现在自我体验上，就是自我体验的波动性。大学生既容易产生积极的情感体验，也容易遭受打击走向另一个极端。现代大学生面对的社会环境与以往不同，社会经济发展的不平衡、家庭背景的巨大差距、激烈的人才竞争、就业问题的日益严重等复杂的问题，都会对大学生的内心世界产生强烈冲击，导致心理失衡。如果大学生自己不能加以妥善的自我调节，就很容易走向自我体验的极端化，影响自我的身心健康水平，甚至产生不良的社会后果。

（三）大学生自我调控的发展特点

1. 自我调控的主动性

中小学生已经具备了一定的自我控制能力，但这种自我控制主要依赖于外部暗示甚至命令，具有明显的被动性。进入青年期后，个体主动自我调控能力明显增强，这是个体自我意识增强所带来的结果，尤其对于进入大学校园的大学生来说，父母不在身边，生活自由度大大增强，自我约束、自我计划、自我规范能力被迫增强。独立生活能力的形成都是大学生主动进行自我调控的结果。

2. 自我教育能力的发展

自我教育是自我调控的最高阶段。自我教育强调的是"主观我"对"客观我"不断进行教育，促使个体充分发挥主观能动性和自觉自主精神，最大限度地实现自我目标，发挥自己的潜能。大学生逐渐懂得了自我监督、自我促进的重要性，越来越意识到自己作为独立个体在社会生存、竞争中的艰难，危机感也不断加强。在这种情况下，自我教育能力可以帮助个体坚定意志，勇于面对困难，最终实现自我不断成长。从这个角度来说，自我教育能力是个体良好个性品质的重要指标，随着现代社会变化发展周期的缩短，大学生自我教育能力的高低一定程度上意味着个体进入社会后可持续发展水平的高低。

自我效能感这一概念是由心理学家班杜拉提出的，指的是个体对自己在某种情境下能够充分表现的信念。例如，对大学中的社会工作，有些同学对自己比较有信心，认为自己能够胜任，即使遇到了困难，也决不放弃，想方设法坚持做好。而有些同学则对自己没有信心，一旦遇到困难，就认为是自己缺乏能力，轻易就放弃了。按照班杜拉的观点，这两类同学在工作表现上的差异，很大程度上取决于他们自我效能感的差异。前者的自我效能感显然高于后者。自我效能感受到个体过去经验、替代性经验、他人的说服及个体的情绪状态的影响。

二、大学生常见的自我意识问题

（一）过分的自我接纳与自我拒绝

过分的自我接纳是指大学生过高地估计自己，不切实际地高估自己的能力和长处，看不到自己的缺点和不足，却把别人看得一无是处，与人交往时，听不进别人的意见和批评。这种"我好——他不好"的人际交往模式必然造成人际关系的紧张。另外，过分自我接纳容易产生盲目乐观、骄傲自满情绪，认识问题往往带有一定的偏激和固执，且行动目标往往力不能及，现实中容易遭遇失败和冲突，引起情感损伤，严重时还会导致自我扩张的变态心理。

相反，过度自我拒绝就是不喜欢自己，不能容忍自己的缺点和不足，否定、指责、抱怨、苛求自己。恰当的自我拒绝可以使人反省自己，完善自己，但过度的自我拒绝会使人忽略自己的优势，看不到自身的价值，严重的会自暴自弃，丧失生活兴趣和信心。这类人的人际交往模式是"我不好——你好"或"我不好——你也不好"。

（二）自尊与自卑

自尊是指一个人尊重自己，对自己持肯定态度的情绪体验。它是一种要求尊重自己的言行和人格，维护一定的荣誉和社会地位的自我意识倾向。自尊是一种积极的心理品质，有助于调动和激发人的内在潜能，是促使人奋发向上的直接动力。但自尊心过强会导致自负。其实，大学生过强的自尊心源于对自己的认识偏差，对别人的意见过分敏感，个体无法真诚地与人交往，为了自我保护会表现出盛气凌人、攻击等行为，或者一味回避与他人的交往。

自卑是因为感到自己有某些不足或缺陷而对自己不满意，觉得自己不如别人，是与自尊相反的一种对自我的消极评价。个体心理学认为，人类普遍存在自卑感，只是自卑的程度和自卑的内容不同。其实自卑并非一无是处，并非总是带来消极的结果。适当的自卑不仅对身心无害，还可以成为个体超越自我、追求卓越的动力。但过分的自卑会使人丧失信心、降低人生追求、忽视自己的优势、怀疑自己的能力、限制潜能的发挥，甚至还会封闭自己。

小李，男，19岁，大学一年级学生。小李来自偏远的山区，家境贫困，但凭着刻苦努力和天资聪颖考上了大学。本来他是充满希望地开始新的学习和生活的，可是入学一段时间之后，他开始逐渐悲观失望。原来，他把自己与来自城市的同学加以比较，发现自己在许多方面与他们相距甚远，例如，城市的学生英语基础较好，而他在家乡没有条件接受英语听说训练，口语和听力很差；城市的学生善于交往，朋友众多，而他与别人很少交往，感到孤独；城市的学生多才多艺，打球、唱歌、跳舞……而他除了学习似乎什么也不会；此外，经济上的差距就更加明显了。于是，小李就认为自己永远无法与别人相比，无论怎样努力也难以获得成功。从此，大学的学习和生活对小李来说成了沉重的负担和令人窒息的压力，他逐渐失去了以往的自信，自卑感越来越强烈。

智慧点拨

自卑是贫困生最突出的心理问题，小李也不例外。由于自卑从而导致自我封闭、自我鄙视，对自己持有完全否定的态度和情感体验，缺乏生活的积极性和主动性；面对经济贫困、生活困难的现实，常常会感到无能为力，从而丧失挑战困难的勇气和信心，在心理上采取了逃避、退缩的应对方式，不与同学交流，不参加集体活动，消极对待人生，消极地看待生活中的一切；常常自惭形秽，郁郁寡欢。大学生应该有这样的认识：贫困并不是我的错，关键是我的心理不能贫困，应该将贫困视为一种锻炼机会，一种前进的动力。

（三）过分的独立意识倾向与从众

独立意识是大学生自我意识的重要标志之一，指的是个体希望摆脱监督和管制的一种自我意识的倾向，表现在渴望以独立的个体面对生活、学习与工作中遇到的问题，不喜欢别人过多地干预自己的言行。大学生由于缺乏经验，往往不容易把握独立意识的尺度，会表现出过分的独立意识倾向，如喜欢独来独往，不愿听从他人的意见；还会表现为以自我为中心，很少站在别人的角度思考问题，习惯于让别人服从自己，造成人际关系的紧张。

逆反是独立意识倾向过于严重的产物，具有以下特征：①盲目性，一些大学生凡事不管正确与否，都盲目抵制，反其道而行之。凡事无论是可行还是不可行，只要我想干就干，随心所欲，不考虑后果；②抵触性，大学生与社会的某些行为规范、道德要求存在着一定程度的不相容性，会产生应付、抵制、消极对抗的态度；③放任性，具有逆反心理的大学生往往听不进别人的忠告、劝阻、批评，我行我素；④极端性，逆反心理在很大程度上是一种极端性的表露，一些大学生对别人要求自己做的事情，常常是你让我干，我偏不干。

所谓从众，是指个体由于受到群体或舆论的压力，在观点和行为上不由自主地趋向于跟多数人一致的现象，即通常所说的"随大流"。大学生从众现象比较普遍，既有积极的从众行为，也有消极的从众行为。积极从众是指在良好社会风气和正确舆论导向的引导下形成的正面、进取的从众，例如学习从众。大学中有的宿舍全员优等生，学生直言："宿舍里的同伴都在拼命学，我不上进，岂不丢人？"这就是一种积极的从众行为。消极从众是指在不正之风的污染下形成的不求进取、阻碍发展的从众行为，例如无节制的从众乱消费。

【扩展阅读】

亮出自己，肯定自己

在跑道上，第一步的领先很可能意味着最终的胜利，所以，决定你一生中的成败得失，或许在于你是否敢亮出自己。机会不会自动找到你，你必须不断地醒目地亮出你自己，吸引别人的关注才有可能寻找到机会。每个人都会有凌云壮志，但是第一步需要找到赏识你的人，这对沉默的人来说是非常困难的。下面是一些能帮助你提升自信的方法。

1. 列出自己已经取得的成绩。列出10～15项你现在或过去在学习、工作中取得的能给你带来满足感的成果。对每一项成果都尽可能具体地描述，如果可能，最好将成果量化（如本学期读了多少本好书、记住了多少英语单词等）。

2. 勇敢地表现自己。如果班集体中有适当的活动，就要积极地参加，展现出自己的能力，达到肯定自己的目的。

3. 进行总结和比较。经常对自己的学习、生活进行总结和比较，能增强自我认识。可以列举出通过努力增强的能力，如说服力、组织能力、创新能力等。分别用事实加以说明。

4. 恰当地描述自己。如目标远大、善于合作、具有团队精神、注重细节或感知敏锐等，分别用具体事实加以说明。

5. 镜子技巧。在镜子面前保持立正姿势，大声说出你想达到的目标，然后在镜子上写下表达愿望的关键词，接下来就是反复去做！

6. 相信自己。当你做了一件自己认为有用的事情却被别人否定时，特别需要对自己行为的合理性有清楚的认识和判断，才不会在意别人的看法，从而坚定不移地相信自己。

第三节
大学生健康自我意识的培养

一、大学生健康自我意识的标准

自我意识对人的心理健康起着重要的作用，它制约着人格的形成与发展，在人格优化中发挥着强大的动力功能。健全的自我意识是心理健康的重要标准，是人类自身内在的一种成功机制，在人才发展中发挥着重要作用。

（1）有自知之明，既知道自己的优势，也知道自己的劣势，能正确评价自我并引导自我健康发展，即能自我肯定、自我整合。

（2）自我认知、自我体验和自我控制协调统一。

（3）自我独立，同时又与外界保持联系。

（4）"理想我"与"现实我"统一，有目标意识和内省意识，积极进取。

（5）不仅自己的心理发展健康，而且能促进周围的人共同进步。

二、大学生健康自我意识的培养途径

自我意识对大学生的成长和发展有重要作用。从某种意义上说，一个大学生有什么样的自我意识，他的人格就会向什么方向发展。那么，怎么培养大学生具有健康的自我意识？归结起来，可以从自我认识、自我体验、自我调控三个层面入手。

（一）树立正确的自我认识

1. 建立多元自我概念

大学生在自我认知与自我评价中易走极端，要么觉得自己一无是处，要么觉得自己一切皆好，一旦在某方面稍有成绩，便沾沾自喜；一旦在某方面受挫，又会全盘否定自己。要纠正单一的自我概念，建立多元的自我概念，全面的认识自己。

2. 建立合理的比较体系

比较是大学生认识自我、了解自我和发展自我的重要方法，可以进行纵向比较——将现实自我与过去自我、理想自我进行比较；也可进行横向比较——将自己与他人做比较。在进行横向比较时既可以与他人进行客观比较来正确认识自己，也可以通过别人的评价来正确认识自己。但是大学生在比较时，要进行多角度地比较，片面地进行单一维度的比较，比如总是拿自己的不足和别人的优势相比，那么可能难以对自己形成全面认知。

3. 经常反省自我

曾子曰："吾日三省吾身。"（《论语·学而》）自己对自己的观察与反思也是认识自我的一个重要途径。大学生要学会自省，严于剖析自我，经常反省自己的行为和动机，以便有目的地进行自我调整，从而使自我意识更加客观和稳定，避免自我认识的偏差，使自我更加完善。通过自省的方法来认识自我，可以促使大学生心理的发展趋于成熟。

4. 在实践活动中认识自我

实践是人的自我意识产生和发展的重要条件，大学生可以通过参与不同形式的社会实践活动来认识自我，挖掘自己的潜能。同时，这些活动的成果也能体现大学生的自我价值。心理学上有一种"自我意象"的说法，是指在某个方面没有取得好成绩，不是欠缺这方面的能力，而是认为自己在这方面不行。因此，大学生可以通过实践活动来确认自我能力，发现自我的价值。

尺短寸长——屈原与卜卦先生的对话

战国末年，屈原遭谗言诽谤而被流放，三年没能再见楚怀王。他心烦意乱，不知如何是好，于是去见太卜郑詹尹问卜。

郑詹尹摆正蓍草，拂去龟甲上的灰尘，问屈原："先生想问什么？"

屈原抛出一连串问题："先生，我该说真话而得罪权贵，还是装聋作哑求富贵？该如天鹅般高飞远离浊世，还是苟活与鸡鸭争食？为何蝉翼被说成重如千钧，而千钧却被视若蝉翼？为何黄钟大吕被弃置蒙尘，瓦盆破缶却喧嚣如雷？为何谗佞小人高居庙堂，贤士君子却埋没草莽？这世道如此浑浊，我该如何自处？"

郑詹尹放下蓍草，缓缓道："屈大夫，您看这蓍草，长者不过尺，短者仅寸。可尺比丈短，寸比分长。世间万物，哪有绝对的长短优劣？卦象有不准之时，神明有不明之处。您的疑问，本就不在卦中。"

屈原想起自己曾以"举世皆浊我独清"自傲，如今却在"尺短寸长"的启示中，窥见另一番天地：楚王虽昏庸，却也曾有过励精图治的雄心；自己虽高洁，却未必没有偏激固执之短。连白起、王翦那样的名将，尚且难逃"尺短寸长"的宿命，又何况凡人？原来长短相形，高下相倾，这世间本无绝对的善恶清浊。

后来，人们在屈原问卜的地方立碑，上刻八字："尺短寸长，智者自明。"而屈原写作的《卜居》千年后仍在叩问人心，当我们学会在"长"中见"短"，于"短"中识"长"，或许才能真正读懂天地万物，也读懂自己。

（二）积极地悦纳自我

【案例讨论】

黄美廉是一位患小儿脑性瘫痪（脑瘫）的女生。得了这种病，肢体会失去平衡，手足会时常乱动，嘴里也会经常叨着模糊不清的词语，模样怪异。医生根据她的情况，判定她活不过6岁。但她却坚强地活了下来，而且靠顽强的意志力考上了美国著名的加利福尼亚州立大学，并获得了艺术学博士学位。她靠手中的画笔，以色彩告诉大家"寰宇之力与美"，并且灿烂地"活出生命的色彩"。

在一次讲演会上，一个学生贸然地提问："黄博士，您从小就长成这个样子，请问您怎么看您自己？您有过怨恨吗？"现场的气氛因为这个无礼的问题紧张起来。但黄美廉却没有半点不高兴，她十分坦然地在黑板上写下："我怎么看自己？一、我好可爱；二、我的腿很长很美；三、我的爸爸妈妈很爱我；四、我会画画，我会写稿；五、我有一只可爱的猫……"最后，她以一句话总结："我只看我所有的，不看我所没有的！"掌声在整个会场响起，在黄美廉的脸上，我们看到了一种永远也击不败的傲然。

悦纳自我就是对自己的本来面目持肯定、认可的态度，悦纳自我是发展健康的自我体验的关键和核心。

1. 全面看待自己的优缺点

要悦纳自己的优点，也要接受自己的缺点。所谓"尺有所短，寸有所长"，每个人都既有长处又有短处。人既不会事事都行，也不会事事不行；一事行不能说事事行，一事不行也不说明事事不行，要肯定自己的价值，善于吸收别人的长处，克服自己的缺点，扬长避短，充分地发挥自身潜力。

2. 保持乐观，性情开朗

进入大学后，大家经常面临各种生活、学习压力，经常遇到挫折和冲突。有的同学碰到挫折时，会把挫折当笑话讲给其他人听，使自己总是保持一种愉快、充实的心境。其实，生活中谁没有烦恼呢？只要我们换一个角度，乐观地去看待，那么我们一定会更快乐。

（三）有效地控制自我

有效地控制自我是健全自我意识的根本途径，有效进行自我调控是为了保证自我的健康发展。

1. 注意培养顽强的意志力

很多大学生为自己树立了远大的目标和理想，但意志力薄弱，经受不住挫折和打击，无法实现自我理想。大学生要发展坚持性和自制力，增强挫折耐受力，为实现目标而努力排除干扰、克服困难。

2. 建立明确而合乎实际的目标

大学生就要有明确的行动目标，并制订合理的行动计划和程序，这样就可以避免行为的盲目性，有效地控制自我。同时，目标的制定要从实际出发，既不好高骛远，也不过于简单，可以把远大的目标分解成一个个具体的小目标。

3. 积极参加社会实践

自我评价、自我锻炼和自我教育是一个实践过程。因为参加社会实践，用学到的知识和智慧为社会服务，可以认清自己的责任和义务，确立科学的人生观、价值观。在实践中，学会用乐观的情绪和积极的心态去对待问题，客观公正地看待事物，能帮助大学生增强自我意识中的理性成分，消除偏激和肤浅。

（四）不断地完善自我、超越自我

大学生在认识自我、悦纳自我的基础上，还要不断地完善自我、超越自我，自觉规划行为目标，主动调节自身行为，使个性全面发展。思想上，既注重自我又不固守自我，根据社会要求不断改造自我；行动上，无论对人对事均全力以赴，使自己的能力品行得到最大限度的发挥；既注重自我价值的实现，又把自我价值实现的过程与为祖国现代化建设做贡献的过程统一起来，在为他人和社会服务中实现真正的自我价值。

【小贴士】告别自卑，重塑自我

第一，要善于接纳自己，并努力改变性格上的弱点。

第二，不断发现自己的得意之处和被别人欣赏的优点。

第三，找出学习上不去的原因，然后对症下药，以顽强的毅力、勤奋的学习态度和科学的学习方法，提高学习效率和成绩。另外，还应当适当发展自己的爱好和特长，使自己的生活变得丰富多彩。

坚持一段时间，你会惊喜地发现，充实、成功、自信和快乐等良好的心理体验，会走入你心里，帮你找回一个"理想的自我"！

【心理测试】

自我意识量表

以下是心理学家Fenigstein、Sctrier、Buss在1975年编制的"自我意识量表"（Self-consciousness Scale，简称SCS）。请根据自己的实际情况，在合适的选项前的字母上打"√"。

1. 我经常试图描述自己。

A. 完全不符合　　　　B. 不太符合　　　　C. 说不清　　　　D. 比较符合　　　　E. 非常符合

2. 我关心自己做事的方式。

A. 完全不符合　　　　B. 不太符合　　　　C. 说不清　　　　D. 比较符合　　　　E. 非常符合

3. 总的来说，我对自己是什么样的人不太清楚。

A. 完全不符合　　　　B. 不太符合　　　　C. 说不清　　　　D. 比较符合　　　　E. 非常符合

4. 我经常反省自己。

A. 完全不符合　　　　B. 不太符合　　　　C. 说不清　　　　D. 比较符合　　　　E. 非常符合

5. 我关心自己的表现方式。

A. 完全不符合　　　　B. 不太符合　　　　C. 说不清　　　　D. 比较符合　　　　E. 非常符合

6. 我能决定自己的命运。

A. 完全不符合　　　　B. 不太符合　　　　C. 说不清　　　　D. 比较符合　　　　E. 非常符合

7. 我从不检讨自己。

A. 完全不符合　　　　B. 不太符合　　　　C. 说不清　　　　D. 比较符合　　　　E. 非常符合

8. 我对自己是什么样的人很在意。

A. 完全不符合　　　　B. 不太符合　　　　C. 说不清　　　　D. 比较符合　　　　E. 非常符合

9. 我很关心自己的内在感受。

A. 完全不符合　　　　B. 不太符合　　　　C. 说不清　　　　D. 比较符合　　　　E. 非常符合

10. 我常常担心自己是否给别人留下好印象。

A. 完全不符合　　　　B. 不太符合　　　　C. 说不清　　　　D. 比较符合　　　　E. 非常符合

11. 我常常考查自己的动机。

A. 完全不符合　　　　B. 不太符合　　　　C. 说不清　　　　D. 比较符合　　　　E. 非常符合

12. 离开家时，我常常照镜子。

A. 完全不符合　　　　B. 不太符合　　　　C. 说不清　　　　D. 比较符合　　　　E. 非常符合

13. 有时，我有一种自己在看着自己的感受。

A. 完全不符合　　　　B. 不太符合　　　　C. 说不清　　　　D. 比较符合　　　　E. 非常符合

14. 我关心他人看我的方式。

A. 完全不符合　　　　B. 不太符合　　　　C. 说不清　　　　D. 比较符合　　　　E. 非常符合

15. 我对自己的心情变化很敏感。

A. 完全不符合　　　　B. 不太符合　　　　C. 说不清　　　　D. 比较符合　　　　E. 非常符合

16. 我对自己的外表很关注。

A. 完全不符合　　　　B. 不太符合　　　　C. 说不清　　　　D. 比较符合　　　　E. 非常符合

17. 当解决问题时，我清楚自己的心理。

A. 完全不符合　　　　B. 不太符合　　　　C. 说不清　　　　D. 比较符合　　　　E. 非常符合

【计分方法】

代表内在自我的题目包括：1、3、4、6、7、9、11、13、15、17。

代表公众自我的题目包括：2、5、8、10、12、14、16。

第4题和第7题为反向题，即选A得4分，选B得3分，选C得2分，选D得1分，选E得0分；其余各题为正向题，即选A得0分，选B得1分，选C得2分，选D得3分，选E得4分。

对于大学生群体而言，内在自我的平均得分为26分，外在自我的平均得分为19分。

【结果解释】

自我意识是指个体把自己当作注意对象时的心理状态，这种状态分为内在自我意识和公众自我意识。内在自我得分高的人对自己的感受比较在乎，他们常常坚持自己的行为标准和信念，不太会受到外界环境的影响。公众自我得分高的人太看重外界的评价，容易受外界的影响，因为容易担心别人对自己有不好的评价，常常会产生暂时性的低落感。

【活动设计】
二十个"我是谁"

本训练可以单独或者组队进行。

（1）写出20句关于自我的描述，如"我是一个……的人"。尽量选择一些能反映个人特点的句子，避免出现类似"我是一个男生"这样的句子。

（2）将关于"我"的20项内容做下列归类。

A. 身体（生理特征，如年龄、身高、体型、是否健康等）

编号：_____

B. 个性（性格和情绪情感，如乐观开朗、振奋人心、烦恼沮丧等）

编号：_____

C. 能力（智力和能力水平，如聪明、灵活、迟钝、能干等）

编号：_____

D. 关系（与他人的关系，对他人常持有的态度、原则，如乐于助人、爱交朋友、坦诚、孤独等）

编号：_____

E. 其他

编号：_____

　　分类是为了更好地呈现测试者对自己各方面的关注和了解程度。某一类项目多，说明你对自己这方面的关注和了解较多。某一类项目少或没有，说明你对自己这方面的关注和了解少。

　　（3）评估你对自己的陈述是积极的还是消极的。在你列出的每句话的后面加上正号（＋）或负号（－）。正号表示"这句话表达了你对自己持满意、肯定的态度"，负号的意义则相反，表示"这句话表达了你对自己持不满意、否定的态度"。看看你的正号与负号的数量各是多少。如果正号的数量大于负号的数量，则说明你的自我接纳状况良好。相反，如果负号将近一半甚至超过一半，则说明你不能很好地接纳自己，这时你需要进行反省，寻找问题的根源，如你是否过低地评价自己，什么原因使你这样，有没有改善的可能等。

　　（4）分组交流。将团体成员分成4 ～ 6人的小组，交流对自己的认识和对活动的感受。

　　（5）团体内分享。每组派一名代表在团体内汇报小组情况或个人体会，供大家分享。

本章推荐资源

第三章　大学生的人格发展与塑造

1977年，美国俄亥俄州发生了一系列连续强暴案。案情虽然严重却并不复杂。很快，嫌犯比利·米利根被警方逮捕，但是他对自己犯下的罪行居然毫无记忆。事实上，在他体内有多种人格存在。

比利自8岁起，多次被继父殴打、威胁，有严重的精神疾病。早在16岁第一次自杀未遂后，比利就被其他人格保护起来，开始了7年的"沉睡"。继父的百般虐待让比利一方面迫切地渴望逃离这个世界，另一方面求生的本能又来安慰、保护自己，这两种力量纠结在一起，将比利"撕成碎片"。随着比利逐渐长大，他身上开始分裂出一个又一个不同的人格，这些人格轮流出现，不断制造混乱。

从比利·米利根身上分裂出的多重人格，我们看到了一个极端却发人深省的案例——那些在成长中被扭曲的经历，竟能将一个人的自我"撕裂"成多个碎片。这背后，其实藏着人格发展的深层密码：我们的人格究竟是如何从懵懂走向成熟？哪些因素在塑造着独一无二的"自我"？当成长中的力量相互拉扯时，人格又会走向怎样的轨迹？大学生处于人生的重要阶段，人格发展越健康、越成熟，对自我、他人和社会都会起到非常积极的影响和作用。

① 了解人格的定义及其特征；
② 理解大学生人格形成和发展的影响因素；
③ 理解大学生常见的人格障碍；
④ 掌握大学生健全人格的养成方法。

人格的定义及其特征　人格的形成和发展　人格障碍　健全人格

第一节 人格概述

一、人格的定义

人格（Personality）一词最初来源于古希腊语"Persona"，原意是演员的"面具"，是用来在戏剧中表现人物身份和角色特点的。它有内外两种意义，既可以外指一个人在社会上呈现出的种种行为特点，又可以内指一个人不愿意展露的真实内在自我。不同的心理学理论对人格有不同的定义。

美国著名人格心理学家奥尔波特指出：人格是一个人内部决定他特有的行为和思想的身心系统的动力组织。沃尔特·米歇尔把人格定义为：人格是心理特征的统一，这些特征决定人的外显行为和内隐行为，并使它们与别人的行为有稳定的区别。我国心理学家黄希庭认为，人格是个体在行为上的内部倾向，它表现为个体适应环境时的能力、情绪、动机、兴趣、态度、价值观、气质、性格和体质等方面的整合，是具有动力一致性和连续性的自我，是个体在社会化过程中形成的给人以特色的身心组织。

综合各个学派的观点，我们把人格定义为：一个人相对稳定的心理特质。"特质"指的是一个人的认知、情绪或行为，而"相对稳定"指的是在不同的情境，以及不同的时间这个人的特质不会有太大的变化。可以认为，人格是个体内部的心理和行为倾向，它通过个体对环境的适应表现出来，包括能力、气质、性格、需要、动机以及价值观等方面，是个体在社会化过程中形成的独特的、稳定的身心特质。

二、人格的基本特征

（一）人格的整体性

人格是由多种成分构成的有机整体，具有内在统一的一致性，受自我意识的调控。人格整体性是心理健康的重要指标。当一个人的人格结构在各方面彼此和谐统一时，他的人格就是健康的。否则，可能会出现适应困难，甚至出现人格分裂。

（二）人格的稳定性和可塑性

人格具有稳定性。俗话说"江山易改，禀性难移"，这里的"禀性"就是指人格。个体在行为中偶然表现出来的心理倾向和心理特征并不能表征他的人格。当然，强调人格的稳定性并不意味着它在人的一生中是一成不变的，随着生理的成熟和环境的变化，人格也有可能产生或多或少的变化，这是人格可塑性的一面。正因为人格具有可塑性，才能培养和发展人格。人格是稳定性与可塑性的统一。

（三）人格的独特性和共同性

正如世界上没有两片完全相同的树叶，世界上也没有完全相同的两个人。一个人的人格是在遗传、环境、教育等因素的共同作用下形成的。但这并不意味着人与人之间的个性毫无相同之处。人格作为一个人的整体特质，既包括个体不同于其他人的心理特点，也包括人与人之间在心理、面貌上相同的方面，如同一民族、阶级和集团的人都有其共同的心理特点。所以人格是独特性和共同性的统一。

（四）人格的生物性和社会性

人是生物个体，也是社会个体。人的自然生物特性构成人格形成的基础，影响人格的发展方式，但不能决定人格的发展方向。人格是在先天遗传的基础上，通过社会活动和社会交往而逐渐社会化的，同时也受社会环境的制约。在人格的形成中，既不能排除生物因素的影响，也不能排除社会因素的影响。

【扩展阅读】

埃里克森人格发展阶段理论

埃里克森人格发展理论是由美国心理学家爱利克·埃里克森（Erik H. Erikson）提出。该理论强调人格发展是一个贯穿一生的连续过程，每个阶段都存在特定的心理社会矛盾（或称"危机"），这些矛盾的解决方式会直接影响个体人格的健康发展。

阶段及年龄	冲突	重要事件	品质	发展顺利的表现	发展障碍者的心理特征
婴儿期（0～1.5岁）	信任/不信任	喂食	希望	婴儿与看护者建立初步的爱与信任，获得安全感	认为外在世界是不可靠的，在不熟悉的环境中产生焦虑
儿童早期（1.5～3岁）	自主/羞怯、怀疑	吃饭、穿衣、如厕训练	意志	开始出现符合社会要求的自主性行为	缺乏信心，产生羞愧感
学前期（3～6、7岁）	主动/内疚	独立活动	目的	儿童对周围世界更加主动和好奇，更具自信和责任感	形成退缩、压抑、被动的人格，产生内疚感
学龄期（6、7～12岁）	勤奋/自卑感	入学	能力	学习知识，发展能力，学会为人处世，形成成功感	产生自卑感和失败感，缺乏基本能力
青年期（12～18岁）	同一性/角色混乱	同伴交往	忠实	在职业、性别角色等方面获得同一性，方向明确	难以始终保持自我一致性，容易丧失目标，失去信心
成年早期（18～30岁）	亲密/孤独	爱情婚姻	爱情	乐于与他人交往，感到和他人相处具有亲密感	被排斥于群体之外，疏离于社会而感到孤独寂寞
成年中期（30～60岁）	繁殖感/停滞感	养育子女	关怀	关爱家庭，支持下一代发展，富有社会责任感和创造力	关心自我，满足私利，产生颓废感，生活消极懈怠
成年晚期（60岁之后）	完善/绝望	反省和接受生活	智慧	自我接受感和满足感达到顶点，安享晚年	固执于陈年往事，在绝望中度过余生

三、人格的结构

人格的结构包括知情意系统、心理动力结构、自我意识结构等，具体包含气质、性格、需要、动机、目标、理想、价值观、认知风格和思维方式等维度。其中，气质和性格可作为深入了解人格的切入点。

（一）气质

气质是个体与生俱来的心理活动的动力特征，是情绪和活动发生的速度、强度、持久性、灵活性和指向性等动力方面特征的总合。在日常生活中我们会看到，有的人活泼好动，反应灵活；有的人安静稳重，反应较慢；有的人总是显得十分急躁，情绪明显表露于外；有的人则总是不动声色，情绪体验细腻深刻。人与人在这些心理特征方面的差异正是个体气质不同的缘故。

在个体心理中，气质是最稳定的一种心理特征。关于气质类型的理论很多，如体液说、血型说、体型说、激素说和高级神经活动类型说等。现代心理学沿用了古希腊医师希波克拉底和古罗马医师克劳迪亚斯·盖伦的说法，将气质分为四种类型：胆汁质、多血质、黏液质、抑郁质。气质本身无好坏之分，每一种气质都既有它积极的一面，也有它消极的一面。气质对于一个人来说是不可选择的，重要的是了解自己，自觉发扬气质中积极的方面，努力克服气质中消极的方面。

大学生在人际交往中，要注意观察、分析他人的气质特征，采取合适的交往方法。例如，对胆汁质的大学生，应多给予鼓励，充分发挥他们的积极性，不要轻易激怒他们，还要锻炼他们的自制力，使他们沉着、冷静地对待事物，对他们的批评要严厉，这有助于他们重视自己的缺点，约束自己的任性行为；对多血质的大学生，要多给予他们活动机会和任务，让他们通过实践培养扎实、专一、坚持到底和克服困难的品质；对黏液质的大学生，要尊重他们的想法，给他们充分的考虑时间；对抑郁质的大学生，要更多地关心、体贴他们，尽量不在公开场合指责他们，要以平等、自然的态度，鼓励他们多参加集体活动，切记不可嘲笑和轻视他们的弱点，如取绰号、开过分的玩笑等。

气质类型并不决定一个人的智力发展水平，也不会决定一个人的成就。在社会实践中，不同领域的工作对人的要求是不同的，每个气质类型都有其适合的工作领域。与气质类型相匹配的工作会使人更轻松，更热爱工作。

【扩展阅读】　　　　　　　　　大五人格理论

大五人格理论（Big Five Personality Theory），又称五因子模型（Five-Factor Model，FFM），是心理学中描述人格特质的主流框架之一。该理论通过五个核心维度概括人类性格的多样性，被广泛应用于心理学研究、职业发展、心理健康评估等领域。以下从理论定义、核心维度、历史发展、应用及评价等方面进行系统阐述。

大五人格理论认为，个体的性格特质可归纳为五个相互独立且稳定的维度，这些维度在不同文化和情境中具有普适性，每个维度代表一种连续性的特质倾向，而非非此即彼的分类。

维度	定义	高得分特征	低得分特征
神经质 （Neuroticism）	反映情绪稳定性和对负面情绪的易感性	焦虑、易怒、情绪波动大，易受压力影响	冷静、抗压能力强，心理韧性较高
外倾性 （Extraversion）	描述个体对外界刺激的需求及社交活跃度	热情、开朗、善于社交，偏好群体活动	内向、独立，倾向于独处或小范围社交
开放性 （Openness to Experience）	衡量对新思想、新体验的接受程度及创造力	想象力丰富、好奇心强，乐于接受多元文化	传统保守，偏好熟悉的事物和常规流程
宜人性 （Agreeableness）	反映合作意愿与对他人情感的敏感度	友善、信任、富有同理心，注重人际关系和谐	竞争性强，可能表现出敌意或怀疑
尽责性 （Conscientiousness）	评估自我控制、目标导向和责任感	自律、有条理，善于规划和执行任务	随意、拖延，易受冲动影响

（二）性格

性格是个体在对现实的态度和习惯化的行为方式中表现出来的较稳定的心理特征，是人的个性心理特征的重要方面，人的个性差异首先表现在性格上。性格类型是指一类人身上所共有的某些性格特征的独特组合，不同的性格理论对性格类型有不同的划分。

瑞士心理学家卡尔·古斯塔夫·荣格倾向于将人的性格分为外倾型和内倾型两种。外倾型的人注重外在世界，容易对周围的事物感兴趣，容易适应环境的变化；内倾型的人重视主观世界，常沉浸在自我欣赏和陶醉中，较难适应环境的变化。

英国心理学家亚历山大·培因和法国心理学家T.李波特根据人体机能把人的性格分为理智型、情绪型、意志型三类。理智型常以理智衡量一切，能够深思熟虑地处理问题；情绪型容易受情绪控制，较难冷静思考；意志型目标明确，积极主动。

德国心理学家斯普兰格依据人类社会文化生活的六种形态，将人格划分为六种类型：经济型、理论型、审美型、权力型、社会型、宗教型。经济型重实效，理论型重理性，审美型富于想象，权力型支配性强，社会型乐于奉献，宗教型重视信仰。

一般来说，大多数人的性格不是非此即彼，而是偏向于某一类型或者处于两种类型之间。事实上，任何人的性格都既有好的一方面，也有不好的一方面，所以每个人都应以积极的态度对待自己的性格，对自己的性格进行优化。当代大学生只有全面了解自己与他人的性格，并在交往实践中不断优化自己的性格，才能更好地处理自己与他人的关系。

四、影响人格形成和发展的因素

人格的形成和发展是遗传因素和环境因素相互作用的结果。遗传为人格发展提供了可能性，环境（主要是家庭、学校和社会环境）把这种可能性转化为现实。

（一）生物遗传因素

生物遗传因素对人格的作用程度随人格特质的不同而异。通常在智力、气质这些与生物因素相关性较大的特质上，遗传因素的作用较重要；而在价值观、信念、性格等与社会因素关系密切的特质上，后天环境的作用可能更重要。

（二）家庭因素

家庭因素对个体人格的形成和发展具有重要和深远的影响。儿童最初形成的人格特征同家庭的早期教育关系极大。良好的家庭环境能够形成感情交融的人际关系。家庭对人格形成的影响主要包括以下几个方面。

（1）**家庭结构**。不同的家庭结构会对孩子的性格产生不同的影响，最容易产生不良影响的是破裂家庭。

（2）**家中排行**。一般认为独生子女自尊、自信、焦虑少、体质好、性格活泼、能力水平高，但依赖性强、独立性差、胆小、任性。

（3）**家庭气氛**。在宁静愉快的家庭气氛中，孩子能体验到安全与愉快，容易形成乐观、自信、友善的性格特征。在吵闹不断、气氛紧张、充满敌意的家庭中，孩子从小就过着提心吊胆的生活，长期忧心忡忡，易形成自卑、抑郁、多疑和敌意等多种不良的性格特征。

（4）**家庭成员的榜样作用**。父母是孩子的第一任教师，社会规范、价值观念等社会化目标首先通过父母的言传身教潜移默化地影响子女。孩子的行为和态度往往跟父母十分相似。

（5）**家庭教养方式**。家庭教养方式通常分为权威型教养方式、放纵型教养方式、民主型教养方式三种。权威型教养方式遵循"棒下出孝子"的原则，父母极其严厉，孩子容易形成消极、被动、依赖、服从、懦弱的性格，做事缺乏主动性，甚至会形成不诚实的人格特征。放纵型教养方式的父母对孩子溺爱无度，对孩子缺乏指导，孩子多表现为任性、幼稚、自私、无礼、独立性差、蛮横无理等。民主型教养方式是最理想的教养模式，父母既严格要求子女，又不苛求孩子；尊重孩子的意愿，不把父母的意愿强加给孩子。在这种环境中成长的孩子容易形成亲切温和、情绪稳定、独立自主、坦率直爽、积极主动、乐于合作和善于与人相处的性格。

【扩展阅读】

阿德勒的"出生顺序效应"

心理学家阿德勒提出，家庭中孩子的出生顺序会塑造其独特的心理地位和行为模式。他认为老大因长期占据"唯一受宠"地位，突然被弟妹分走关注后，可能形成控制欲强、追求完美的性格，但也更具责任感；中间的孩子因长期处于"夹缝地位"，常通过反叛或社交能力争取存在感，可能表现出独立或自卑的矛盾特质；最小的孩子因长期受宠，易形成依赖性强、创造力高但缺乏毅力的性格，部分人会"另辟蹊径"获得关注；独生子女则兼具老大与老小的特征，可能因受过度关注而以自我为中心，或因缺乏与兄弟姐妹的互动而社交能力较弱。

弗莱克·沙洛维根据进化心理学认为兄弟姐妹为争夺父母资源（如情感、物质）会发展出差异化的生存策略：老大通过承担责任巩固地位；老二通过差异化竞争（如发展特长）获取关注；老小通过撒娇或叛逆来争取资源。

以下是不同排行的性格特征。

·老大（包括独生子女）

性格优势：责任感强（76%的老大在职场中担任管理岗）、自律性高（如航天员中88%为老大或独生子女）。

潜在问题：完美主义倾向（常因"必须优秀"产生焦虑）、过度干涉他人。

·中间孩子

性格优势：适应力强（85%的中间孩子擅长处理人际关系）、创造力突出。

潜在问题：自我认同模糊（常因"夹在中间"而缺乏存在感），易陷入竞争焦虑。

·老小

性格优势：情商高（擅长察言观色），具有冒险精神（创业比例比老大高23%）。

潜在问题：抗压能力弱（挫折后依赖他人帮助），缺乏长远规划。

·独生子女

性格优势：资源集中培养（如学业成绩平均比多子女家庭孩子高15%），独立决策能力强。

潜在问题：孤独感较强（30%的独生子女表示"渴望兄弟姐妹陪伴"）。

【素养看点】 ▶

红色家书："不要辜负了光荣的
共产党员的称号"

年仅14岁的周尔均首次见到七伯周恩来、七伯母邓颖超时，邓颖超就表达了希望他投身革命、参加人民军队的期望，周恩来叮嘱周尔均要自立自强，在学习中提升自己。周尔均谨遵周恩来和邓颖超的教诲，认真学习知识，在社会实践中磨炼自己，提高政治自觉，决心在更成熟后再投身革命工作。后来，21岁的周尔均如愿加入中国共产党，此时他收到了邓颖超寄来的家书。邓颖超在书信中表达了喜悦之情，她勉励周尔均要加强党性修养，与人民群众保持密切联系，还对周尔均提出了三个要求。这封信给了周尔均极大的鞭策和鼓舞，几十年来他时常重温这封信，从中汲取营养，砥砺自己，这三个要求也成为他日后践行入党誓词的行动准则。

以下是邓颖超写给周尔均的红色家书。

尔均同志侄：

尔鎏同志侄同此不另。

航快信已收到，知道你已加入共产党，至为兴奋！今后，你必须加强党性的锻炼，克服非无产阶级的思想，不断地为着党员的八条标准而奋斗，不要辜负了光荣的共产党员的称号，争取如期地转为正式的党员。你必须注意密切地联系群众，关心群众，向群众学习，从而你才能更好地为人民群众服务。你自知应不骄不馁，但必须从思想上、行动上加以不断的实践为要。

兹就你的同字伯父（七伯之弟）因公赴渝之便，特函介绍他来看你，我们的情况可由他告诉你。你的情况亦望告他转我们。我的病已较前大好了，每日已能工作二三小时，你可勿念。

匆草。即祝进步，健康！

邓颖超

一九五四·一·二十四

——摘自"共产党员网"，有删改

（三）学校因素

学校是青少年最集中的地方，是塑造学生人格力度最大的场所。教师对学生人格的发展具有指导定向作用。德国心理学家库尔特·勒温提出了勒温人格理论，认为在专制型教师的管理下，学生做作业效率提高，对领导依赖性加强，缺乏自主行动，但是，常常有不满情绪；在放任型教师管理下，学生做作业效率低，任性，经常发生失败和挫折现象；在民主型教师管理下，学生完成作业的目标是一贯的，行动积极主动，很少表现出不满情绪。学生群体对学生人格也具有巨大的影响，心理学家卡汉拉发现，学生喜欢学业优秀、办事老练、具有良好道德的领袖，他们喜欢有能力、胜任工作、具有高智商、精力充沛、富有创造力的同伴。群体的要求、舆论和评价对于学生人格发展具有弃恶扬善的作用。总而言之，学校是学生人格社会化的主要场所。

（四）社会文化因素

每个人都处在特定的社会文化之中，文化对人格的影响是极为重要的。社会文化使社会成员的人格结构朝着相似的方向发展，这具有维系社会稳定的作用。

社会文化具有塑造人格的功能，反映为不同文化的民族有其固有的民族性格，不同的地域有着不同的文化传统，不同的文化发展时期有着不同的文化认同。例如，美国心理学家玛格丽特·米德等人研究了位于大洋洲新几内亚岛不同地域的三个民族的人格特征，发现来自同一祖先的不同地域的民族各具特色，鲜明地体现了社会文化对个体的影响力。居住在山丘地带的民族，崇尚男女平等的生活原则，成员之间互相友爱、团结协作，没有恃强凌弱，表现出一派亲和的景象；居住在河川地带的民族，以狩猎为生，男女间有权力与地位之争，对孩子处罚严厉，表现出攻击性强、冷酷无情、嫉妒心强、妄自尊大等人格特征；居住在湖泊地带的民族，男女角色差异明显，女性是这个社会的主体，她们每日辛勤操劳，掌握着经济大权，男性则处于从属地位，他们主要从事艺术、工艺与祭祀活动，并承担孩子的养育责任，这种社会分工使女性表现出刚毅、支配、自主的性格特征，男性则有明显的自卑感。

（五）自我调控因素

上述各因素体现的是人格形成的外因，而外因是通过内因起作用的。人格的自我调控系统就是人格形成的内部因素。自我调控系统的主要作用是对人格的各个成分进行调控，保证人格的完整、统一、和谐。

一、大学生人格缺陷的类型

人格缺陷是介于健康人格与病态人格（人格障碍）之间的一种人格状态，表现为人格发展的不良倾向。所有的人或多或少都会存在一些人格缺陷。大学生心理发育还没有完全成熟，人格出现一些偏差在所难免。让大学生充分了解自身个性，找出缺陷并进行调适，有助于他们今后更好地适应社会。大学生常见的人格缺陷有拖拉、懒散、虚荣、猜疑、急躁等。

（一）拖拉

拖拉的主要特征是行动迟缓，不能抓紧时间完成事情，总想把事情拖到以后再做。大多数关于效率的问题都可以归咎于拖拉。拖拉是不少大学生的通病。导致拖拉的原因有试图逃避困难、目标不明确、惰性等。拖拉不仅会耽误学习和工作，也会加重心理负担，引起焦虑。大学生要改变这种情况，首先要意识到拖拉的危害，搞清楚引起拖拉的原因；其次要学会科学的时间管理方法，合理安排时间；最后要提高执行力，做到今日事今日毕。

（二）懒散

懒散是一种慵懒、闲散、疲沓、松垮的生存状态。懒散主要表现为活力不足，没有计划，随波逐流，无法将精力集中在学业或所做之事上，常常百无聊赖，情绪不佳，顾此失彼。

懒散是意志薄弱、缺乏积极进取之心的表现。处于懒散状态的大学生虽然感到愧疚、自责，想要改正，但又心有余而力不足，主要原因是想得多、做得少，缺乏毅力。懒散的人总是对生活持无所谓的态度，觉得生活枯燥乏味，要改变懒散的习惯，一是要主动寻找一些自己感兴趣的事，满怀热情地全心投入，从中感受乐趣，逐渐增加对生活、学习的热爱和信心；二是要学会制订计划，合理规划每天要做的事情，坚持一段时间，懒散的习惯就会慢慢得到改善；三是要树立相对长远的目标，有了远大的目标，才会有前行的动力。

（三）虚荣

虚荣是指追求表面上的荣耀、虚假的荣誉。虚荣心往往和自尊心、自卑感等紧密联系在一起。虚荣心强的人一般情感脆弱、自卑敏感，害怕别人伤害自己的尊严，过分在意别人的评论，与人交往时总有一种防御心理，进而过分抬高自己的形象。

要改变过强的虚荣心，一是要对其危害性有清醒的认识，有勇气、有决心改变自己；二是要努力认识自己，了解自己的长处与短处，扬长避短；三是要树立自信心和适度的荣誉心，正确表现自己，不卑不亢；四是要正确对待自己的得失。

（四）猜疑

所谓猜疑，一是猜，二是疑，疑是建立在猜的基础之上的，猜疑往往缺乏事实根据，甚至缺乏合理的逻辑。好猜疑的人往往对人、对事过于敏感，例如，有些同学看到其他同学低声说话，就疑心对方是在说自己的坏话；某同学没和自己打招呼，便认为对方对自己有意见。

猜疑不仅会导致人际关系紧张、伤害他人感情，自己也会陷入庸人自扰、苦闷的不良心境中。克服猜疑，一是要相信事实，二是要加强沟通。

（五）急躁

急躁表现为一碰到不称心的事情就马上情绪激动；做事缺乏充分的准备，盲目行动，急功近利；说话办事速度快，容易冲动；做事缺乏耐心等。急躁的人在学习、生活中遇事常会急得不可开交，恨不得一下子将所有事情都解决掉。大学生要克服这种人格缺陷，一是要培养冷静思考的习惯；二是要改变匆忙的习惯，认真行事。

二、大学生人格障碍的类型

所谓人格障碍，指人格发展的内在不协调，在没有认知过程障碍或者没有智力障碍的情况下出现的情绪反应、动机和行为活动的异常。这种人格在发展和结构上明显偏离正常，致使个体不能适应正常的社会生活，严重的人格障碍如果得不到及时有效的矫正，会成为精神病的诱因。常见的人格障碍有以下几种类型。

（一）偏执型人格障碍

偏执型人格障碍又叫妄想型人格障碍，是一种以猜疑和偏执为主要特点的人格障碍，其行为特点为：看问题主观片面，失败时常迁怒于他人且不原谅自己；广泛猜疑，常将他人无意的、非恶意的，甚至友好的行为误解为敌意或歧视，或无足够根据地怀疑会被人利用或伤害，因此过分警惕与防卫；对自己的能力估计过高，好胜心强，有强烈的自尊心，若有挫折或失败则归咎于人，总认为自己正确；易产生病态嫉妒；对他人过错不能宽容；对批评或挫折过分敏感，脱离实际地好争辩与敌对，固执地追求个人不够合理的权利；忽视或不相信与自己想法不相符合的客观证据，因而很难以说理或事实来改变患者的想法。

（二）反社会型人格障碍

反社会型人格障碍亦称悖德型人格障碍，是一种以行为不符合社会规范为主要特点的人格障碍，其行为特点为：缺乏道德情感，没有怜悯同情之心，对他人的感受漠不关心；行为鲁莽，不考虑后果，微小刺激便可引发攻击行为；态度随便散漫，对家人、朋友不忠实，没有责任心，爱撒谎，即使被识破也泰然自若；判断能力差，做错事情不后悔，从无内疚感，不能从经验中吸取教训，一犯再犯而不知悔改；童年便可能出现偷窃、任性、离家出走、逃学等反抗行为；少年期过早出现性行为甚至演变为性犯罪，经常酗酒、破坏公物和不遵守规章制度；成年后表现差，常旷课旷工、犯规违法，对家庭没有责任感。

（三）强迫性人格障碍

强迫型人格障碍是一种较常见的人格障碍，其最主要特征是要求严格和完美，具有强烈的自制心理和自控行为，其行为特点为：做任何事情都要求完美无缺、按部就班，有时因此影响工作效率；要求别人也要严格地按照他的方式做事，否则心里很不痛快，对别人做事很不放心；犹豫不决，常推迟或避免做出决定；常有不安全感，反复考虑计划是否得当，反复核对检查，唯恐出现疏忽和差错；拘泥细节，甚至生活小节也要"程序化"，不遵照一定的规矩就感到不安或要重做；完成一件工作之后常缺乏愉快和满足的体验，相反容易悔恨和内疚；对自己要求严格，过分沉溺于职责义务与道德规范，无业余爱好，拘谨吝啬，缺少友谊往来。

（四）自恋型人格障碍

自恋型人格障碍的核心特征在于自我价值感的过度膨胀和共情能力的显著缺失，其行为特点为：毫无根据地夸大自身成就与才能，表现出病态化的自我关注与中心化思维，期待获得非常规优待；缺乏同情心、同理心，人际关系常呈功能性失调；对批评的反应是愤怒、羞愧或感到耻辱，但惯用冷漠态度作为心理防御机制，当遭遇现实挫折时，往往迅速陷入自我价值崩塌的心理困境；喜欢指使他人，要他人为自己服务；过度依赖外界认可，持续索求关注与赞美；对无限的成功、权力、光荣、美丽、理想爱情有夸大性幻想，面对更卓越的个体时易产生病理性嫉妒。

（五）表演型人格障碍

表演型人格障碍是一种以过分感情用事或夸张言行来吸引他人注意力的人格障碍，其行为特点为：渴望得到关注，常以夸张的表情、行为引人注意；暗示性和依赖性强，以自我为中心，完全按个人情感判断好坏；对人感情肤浅、易变，情绪易波动，难以与他人保持长久关系；爱幻想，常把想象当成现实，说话夸大其词，掺杂幻想情节；寻求刺激，过多地参加各种社交活动。

（六）分裂型人格障碍

分裂型人格障碍是以古怪的思维、行为、外表和社交困难为特征的人格障碍，其行为特点为：有特异的信念或与文化背景不相称的、反常的或特殊的行为或打扮；言语怪异，与其智力和文化程度不相称，有不寻常的知觉体验，如暂时性错觉、幻觉等；表情淡漠，对人冷淡，对家人缺乏情感和体贴，常单独行动，被动交往，缺少亲密朋友，对别人的意见无论是批评还是赞扬均无动于衷。

（七）依赖型人格障碍

依赖型人格障碍是一种以过分顺从他人的意志、严重缺乏独立性为特征的人格障碍，其行为特点为：同意让他人为自己生活中的大多数重要事情做决定；将自己的需求附属于所依赖的人，过分顺从他人的意愿；不愿对所依赖的人提出即使是合理的要求；过分担忧自己不能照顾自己，在独处时感到不舒服或无聊；易陷入被关系密切的人抛弃的恐惧中，害怕失去。

【案例讨论】

小张，女，19岁，某大学一年级新生，父母为工人，家庭温馨，因为她是独生女，所以备受宠爱。上大学前，她的一切事宜均由父母料理，从不做任何家务。在异地上大学后，她非常想家，对大学生活极不适应，产生了许多心理上的困惑。

小张日夜都想家。晚上上床，一想到睡的地方不是自己的家，就难以入睡，即使睡着了也会经常梦到爸妈。醒来一睁眼就心烦、心酸，不想起床，不想吃早饭，也不想服从校规去做早操，但又怕身体垮了父母着急，便强迫自己起床锻炼、吃饭。在校园里散步时，一听见广播里放与妈妈有关的音乐就想哭。走在街上，听见的都是当地人的口音，感觉自己是被抛弃的游子，非常孤独。周末看见当地的同学纷纷回家，她便更伤心了。小张非常后悔到外地上大学，一心想要转学到家乡的大学，认为转学就能够重新振作。

智慧点拨

小张过度依赖父母，没有独立的人格，以至不能正常地学习和生活，具有典型的依赖型人格障碍。大学生要培养自己的独立人格，提高自己的社会适应能力，发掘自己的能力和优势，增强自己的自信心，塑造健康的人格。

（八）回避型人格障碍

回避型人格障碍是一种以社交抑制、自我价值感低下、对负面评价极度敏感为核心特征的人格障碍，其行为特点为：因害怕被嘲笑、否定或排斥，而拒绝参与社交活动，在社交场合沉默寡言，会因紧张而表情僵硬；对批评过度敏感，会将中性评价理解为贬低，甚至因轻微的批评感到极度羞耻或崩溃；自我贬低，认为自己无能、缺乏魅力；不愿冒险或尝试新事物，因害怕尴尬而避免任何可能失败的情境；很难与人建立深入的关系，在想象中构建理想的社交关系，但现实中因恐惧而无法行动。

（九）冲动型人格障碍

冲动型人格障碍是一种以行为和情绪具有明显冲动性为主要特点的人格障碍，又称攻击型人格障碍，其行为特点为：有不可预测和不考虑后果的行为倾向，行为爆发不受控制；情绪反复无常，容易与他人争吵或发生冲突，特别是当受到批评或行动受阻时，容易暴怒和出现无法自控的行为；做事缺乏计划性和坚持性；人际关系不稳定，几乎没有能长久相处的朋友；可能有自残行为。

刘某，男，21岁，大学二年级学生，向心理医生诉述："我总是控制不住自己，情绪极不稳定，脾气暴躁，不可理喻。有点事就爱发火，甚至与人大打出手。事后自己也很后悔，觉得没什么大不了的事，自己却大发雷霆，干吗那样啊！当初太不应该了，严重伤害了他人，导致和同学的关系越来越紧张。我总是下决心，以后一定要控制自己的情绪和行为，可遇到事就无法自控，又旧病复发。我不明白到底是怎么回事。我也非常苦恼，现在已有许多同学开始疏远我，我很担心这样下去，可能没有同学愿意与我交往。"

智慧点拨

刘某的问题不是一般的人际交往问题，而是深层次的人格问题，他存在明显的冲动型人格障碍。

三、大学生人格障碍自我矫正的方法

人格障碍的矫正虽然有一定的难度，但也不是"不治之症"。临床实践发现，有相当一部分人格障碍患者，在精神科医生和心理医生的指导下，通过自身的努力，取得了令人满意的矫正效果。下面简要介绍几种大学生人格障碍自我矫正的方法。

（一）反向观念法

人格障碍者大多伴有认知歪曲，反向观念法是改变认知歪曲的一种有效方法，是指个体主动与自己原有的不良观念唱反调，如原来易走极端，现在则学习多方位考虑问题；原来习惯规则化，现在则偶尔放松一下，学习灵活调整规则行事。采用反向观念法，首先对自己的错误观念进行分析，然后提出相反的改进意见，并努力按这个新观念办事。这种自我分析可以定期进行，几天一次或一周一次，也可以在心情不好或遭遇挫折时进行。认知上的错误往往会被内化成无意识的行为，通过上述自我分析，可把无意识上升到有意识的自觉层次，这有助于发现和改善自己的不良人格状态。

（二）行为禁止法

对于人格障碍者的许多不良行为可以采取行为禁止法。例如，一个具有偏执型人格障碍的人在对一件事忍无可忍将要发作时，可以对自己默念如下指令："我必须克制住自己的反击行为，至少忍10分钟。在这10分钟内，让我分析一下有什么非理性观念在作怪。"这时你就会发现，让自己怒不可遏的事，只要忍上一段时间，用理性观念加以分析，怒气便会随之消减。那些自认为极具威胁性的事，忍耐一会儿后你会发现不过是无谓的担忧。

（三）情绪调整法

人格障碍者多伴有情绪障碍。例如，表演型人格障碍者的情绪表达常常过分激烈，让旁人无法接受。采用情绪调整法要先向身边的人做一番调查，听听他们对自己的看法。面对他人提出的看法，应先持接受态度，然后扪心自问：别人说的情绪表现哪些是有意识的，哪些是无意识的，哪些是别人喜欢的，哪些是别人讨厌的。对别人讨厌的坚决予以改正，对别人喜欢的则在表现强度上力求适中。可以请好友在关键时刻提醒自己，或在事后对自己的表现进行评价，从中体会自己情绪表达的过火之处。这样坚持下去，我们的情绪表达就会越来越得体、自然。

【小贴士】人格缺陷与人格障碍的联系与区别

人格缺陷和人格障碍既有联系又有区别。人格缺陷是介于正常人格与人格障碍之间的一种人格状态，可以说，是人格发展的不良倾向。人格障碍与人格缺陷二者之间既有量的差异，又有质的不同，质的区别是量不同引起的结果。当人格缺陷发展到经常的、严重的程度就是人格障碍。

第三节
大学生健康人格的塑造

一、健康人格的标准

关于健康人格的判断标准有很多，公认的是由马斯洛、库姆斯、罗杰斯等人本主义心理学家提出的健康人格判断标准。具体来讲，健康人格应符合以下标准。

1. 和谐的人际关系

人际关系最能体现个体人格健康程度。人格健康的人乐于与他人交往，并能与他人建立良好的关系；与人相处时，尊敬、信任等积极态度多于嫉妒、怀疑等消极态度。人格健康的人常常以诚恳、公平、谦虚、宽容的态度对待他人，同时也受到他人的尊重与接纳。

2. 良好的社会适应能力

社会适应能力反映了人与社会的协调程度。人格健康的人能够与社会保持良好密切的联系，以一种开放的态度主动关心社会、了解社会；在认识社会的同时，使自己的思想、行为跟上时代的发展，与社会的要求相符合。

3. 正确的自我意识

自我意识是个体对自己的认识。人格健康的人对自己有恰如其分的评价，充满自信，扬长避短，在日常生活中能有效地调节自己的行为，与环境保持平衡。人格健康有缺陷的人则常常表现出自我冲突、自我矛盾，或者妄自尊大，做超出自身能力的工作；或者妄自菲薄，容易放弃可能获得成功的机遇。

4. 乐观向上的生活态度

积极的人生态度是人类在社会实践中获得的本质力量的体现。人格健康的人常常能看到生活的光明面，对前途充满希望和信心，对从事的工作或学习抱有浓厚的兴趣且积极主动，并在其中发挥自身的智慧和能力，即使在遇到困难和挫折时，也能不畏艰险，勇于拼搏。

5. 良好的情绪调控能力

能否调控情绪是衡量人格成熟程度的标准之一。人格健康的人情绪反应适度，具有调节和控制情绪的能力，能经常保持愉快、满意、开朗的心境，并富有幽默感，消极情绪出现时也能合情合理地宣泄、排解、转移和升华。

二、大学生塑造健康人格的方法

大学生健康人格的塑造，需要社会、学校、家庭和大学生自身的共同努力，但最关键的还在于大学生自身。人格是稳定的，但在后天的努力下既能培养良好的人格品质，也可以改变不良的人格品质。为此，大学生可采取以下方法和途径。

1. 认识自我，优化人格整合

认识自我是改变自我的开始。大学生要想有效地进行人格塑造，就应当充分了解自己的人格状况，深刻理解这种要求实现的动机，明确人格塑造的目标、内容、途径和方法。

人格塑造是为了实现人格优化，达到人格健康。人格优化包括人格品质的优化和人格结构的优化。人格优化的方法是择优汰劣，择优即选择某些良好的人格品质作为自己努力的目标；汰劣即针对自己人格上的缺点、弱点予以纠正。

2. 树立积极向上的人生观，建立符合自身能力的奋斗目标

一个人有了正确的人生观、价值观和世界观，就能对社会和人生抱有正确的认识和看法。当遇到困难或挫折时，能够站得高，看得远，正确地分析事物，采取适当的态度和行为，稳妥地处理事情。这样的大学生更容易形成心胸开阔、乐观开朗的人格品质。

3. 努力学习科学文化知识

荣格有句名言："文化的最后成果是人格。"在现实中，不少人格缺陷甚至障碍都来源于知识的贫乏。因此，学习科学文化知识、增长智慧的过程也是塑造和优化人格的过程。同时，各学科的全面发展是人格健全发展的智力基础，正如培根所说："读史使人明智，读诗使人灵秀，数学使人周密，科学使人深刻，伦理学使人庄重，逻辑修辞之学使人善辩，凡有所学，皆成性格。"

4. 面向社会，勇于实践

具有创新精神和实践能力是对当代大学生的素质要求，也是健康人格的重要组成部分。每个人都必须接受社会生活的锻炼，才能把握自己的角色，形成自己独特的人格。社会实践活动是大学生塑造人格的一个重要途径。实践证明，在大学期间积极参加社会实践活动能有效地帮助大学生塑造独立性强、富于创造性、善于交往、自信、果断、讲效率等良好的人格特征。

5. 融入集体，建立良好的人际关系

人格发展的过程也是个人社会化的过程。人格在集体中形成，也在集体中展现。集体是个人展现人格的平台，也是认识自我的镜子。首先，大学生应该接近他人、关心他人，与他人建立和谐的人际关系，了解他人需求，解决他人的困难，体察他人的喜怒，通过关心他人，培养助人为乐的好品格。其次，要友好而有度地开放自己，真诚地与他人交流，这是建立良好人际关系的基础。

6. 锻炼身体，强健体魄

人格发展的过程是体质因素、心理因素、智力因素相互促进的过程，健康的体魄是人格健康发展的基础。体弱多病的人很容易形成某些不健康的人格特征。

【素养看点】

"燃灯校长"张桂梅

在云南的大山深处，有一位被无数人敬仰的"燃灯校长"——张桂梅。她的故事，是用生命点亮希望的传奇。

1957年，张桂梅出生在黑龙江省牡丹江市的一个普通家庭。1996年，命运给了她沉重一击，她的丈夫因癌症离世。为了走出悲伤，她选择来到云南丽江华坪县的一所中学任教。然而，命运似乎并未眷顾她，不久后，她也被查出患有肿瘤。治病花光了积蓄，她连手术费都凑不齐。就在她几乎绝望时，善良的乡亲们纷纷伸出援手，帮她凑齐了手术费。那一刻，张桂梅被深深触动，她决心用余生回报这片土地。

在华坪，张桂梅发现一个令人痛心的现象：很多女孩早早辍学，回家务农甚至嫁人。她看在眼里，疼在心里。她深知，知识是改变命运的唯一途径。于是，她萌生了一个大胆的想法——创办一所免费的女子高中，让山里的女孩们通过教育走出大山。

为了筹集办学资金，张桂梅四处奔走。她在昆明街头向路人讲述自己的梦想，却常常被人误解，甚至被当成骗子。但她没有放弃，心中的信念如烈火般燃烧。2007年，她的故事被媒体报道后，引起了社会的广泛关注。当地政府决定资助她办学。2008年，华坪女子高中终于建成开学，这是全国第一所全免费的女子高中。

办学初期，条件异常艰苦。学校没有围墙、食堂和厕所，只有一栋教学楼和一根旗杆。学生们在教室里上课、睡觉，吃饭和上厕所都要去隔壁学校。但张桂梅没有退缩，她每天早上5点拿着喇叭催促学生起床、跑步、晨读，晚上也是最后一个离开。她还坚持家访，20多年来，翻山越岭，家访了1400多个家庭，她劝说家长让女孩读书，用自己的工资补贴贫困学生，甚至帮助学生家庭申请低保。

在张桂梅的不懈努力下，华坪女高创造了教育奇迹。2011年首届毕业生高考上线率100%，此后连续13年综合成绩稳居全市第一。一届又一届的毕业生从这里走出大山，考上理想的大学，有的成为教师、医生、警察，还有的选择回到大山，建设家乡。

多年的操劳也让张桂梅身患二十多种疾病，她的双手贴满了膏药，走路也越来越蹒跚。但她依然坚守在讲台上，她说："只要还有一口气，我就要站在讲台上。"她的事迹感动了无数人，2020年她荣获"全国优秀共产党员"称号，2021年被评为"感动中国2020年度人物"，同年被授予"七一勋章"。

张桂梅用生命诠释了教育的意义，用奉献书写了大爱无疆。她就像一朵傲雪绽放的寒梅，在艰难的环境中散发着迷人的芬芳，激励着无数人勇敢追求梦想，为了心中的信念不懈努力。

【心理测试】
菲尔人格测试

这是国际上有名的人格测试，通过该测试可以了解自己的人格。

1. 你何时感觉最好？（　　　）

A. 早晨   B. 下午及傍晚   C. 夜里

2. 你走路时是（　　　）

A. 大步地快走   B. 小步地快走   C. 不快，仰着头面对着世界

D. 不快，低着头   E. 很慢

3. 和人说话时，你（　　　）

A. 手臂交叠站着   B. 双手紧握着   C. 一只手或两手放在臀部

D. 碰着或推着与你说话的人   E. 玩着你的耳朵、摸着你的下巴或用手整理头发

4. 坐着休息时，你（　　　）

A. 两膝并拢   B. 两腿交叉   C. 两腿伸直

D. 一腿蜷在身下

5. 碰到让你感到发笑的事时，你的反应是（　　　）

A. 欣赏地大笑   B. 笑着，但不大声   C. 轻声地咯咯地笑

D. 羞怯地微笑

6. 当你去一个派对或社交场合时，你（　　　）

A. 很大声地入场以引起注意   B. 安静地入场，找你认识的人

C. 非常安静地入场，尽量不被注意

7. 当你非常专心工作时，有人打断你，你会（　　　）

A. 欢迎他   B. 感到非常恼怒   C. 在上述两极端之间

8. 下列颜色中，你最喜欢哪种颜色？（　　　）

A. 红色或橘色   B. 黑色   C. 黄色或浅蓝色

D. 绿色   E. 深蓝色或紫色   F. 白色

G. 棕色或灰色

9. 临入睡的前几分钟，你在床上的姿势是（　　　）

A. 仰躺，伸直   B. 俯躺，伸直   C. 侧躺，微蜷

D. 头睡在一手臂上   E. 被子盖过头

10.你经常梦到自己在（　　　）

A. 落下　　　　　　　　B. 打架或挣扎　　　　　　C. 找东西或人

D. 飞或漂浮　　　　　　E. 你平常不做梦　　　　　　F. 你的梦都是愉快的

经过测试之后，将所有分数相加，以下列出了每一题每个选项的分数，例如第一题你选择了A，那么这一题就是2分。

1. A 2，B 4，C 6
2. A 6，B 4，C 7，D 2，E 1
3. A 4，B 2，C 5，D 7，E 6
4. A 4，B 6，C 2，D 1
5. A 6，B 4，C 3，D 5
6. A 6，B 4，C 2
7. A 6，B 2，C 4
8. A 6，B 7，C 5，D 4，E 3，F 2，G 1
9. A 7，B 6，C 4，D 2，E 1
10. A 4，B 2，C 3，D 5，E 6，F 1

低于21分：内向的悲观者。你是害羞的、神经质的、优柔寡断的人，希望别人为你做决定。你是一个杞人忧天者，有些人认为你乏味，只有那些了解你的人知道你不是这样。

21～30分：缺乏信心的挑剔者。你勤勉、刻苦、挑剔，是谨慎小心的人。如果你做任何冲动的事或没有准备的事，朋友们都会大吃一惊。

31～40分：以牙还牙的自我保护者。你是明智、谨慎、注重实效的人，也是一个伶俐、有天赋、有才干且谦虚的人。你不容易很快与人成为朋友，却是一个对朋友非常忠诚的人，同时要求朋友对你也忠诚。要动摇你对朋友的信任很难，同样，一旦这种信任被破坏，也很难恢复。

41～50分：平衡的中道者。你是一个有活力、有魅力、讲实际、永远有趣的人。你经常是群众的焦点，但你是一个足够平衡的人，不至于因此昏了头。你亲切、和蔼、体贴、宽容，是一个永远使人高兴、乐于助人的人。

51～60分：吸引人的冒险家。你是一个令人兴奋、活泼、易冲动的人，天生领袖，能迅速做决定，虽然你的决定不一定对。你是一个愿意尝试、欣赏冒险的人，周围的人喜欢跟你在一起。

60分以上：傲慢的孤独者。你是自负的自我中心主义者，有极端支配欲、统治欲。别人钦佩你，但不一定信任你。

【活动设计】

积极视角：发现人格优势，促进自我成长

积极心理学是新时代的心理学视角，由于其对人性中积极维度的重视而获得越来越大的影响力。24种性格优势理论由美国心理学家马丁·塞利格曼与克里斯托弗·彼得森于2004年提出，是积极心理学的核心成果之一。该理论基于跨文化研究，从历史经典文献中提炼出六大美德和24项性格优势，旨在帮助个体识别并发展自身潜力，寻得生活意义，提升人生幸福感。

积极心理学核心观点

· 优势导向：相较于弥补短板，发挥优势更能促进成长与提升幸福感。

· 稳定性与可塑性：优势具有先天倾向性，但可通过刻意练习来强化。

· 文化普适性：六大美德在不同文化中均被认可为核心品质。

智慧与知识	勇气	仁慈	公正	节制	精神超越
1.创造力	6.勇敢	10.善良	13.公平	16.宽容	20.欣赏美和超越性
2.好奇心	7.坚持（毅力）	11.爱与被爱	14.领导力	17.谦逊	21.感恩
3.开放思维	8.正直	12.社交智慧	15.团队合作	18.谨慎	22.希望
4.热爱学习	9.热情			19.自律	23.幽默
5.洞察力					24.信仰

五大优势探索

请从上表的24种优势人格中，选出你认为自己具备的五大优势人格，并进行排序。

①_____ ②_____ ③_____ ④_____ ⑤_____

然后看看他们分别属于哪些类别，看看自己的优势人格集中在哪个领域？

接下来请思考：你在生活中做什么事情时可以应用这些优势人格？每种优势人格可以列举3件事情。

本章推荐资源

第四章　大学生学习心理

　　法国心理学家约翰·法伯曾经做过一个著名的实验，叫作"毛毛虫实验"：他把许多毛毛虫放在一个花盆的边缘上，使其首尾相接围成一圈。在花盆周围不远的地方，撒一些毛毛虫喜欢吃的树叶。毛毛虫开始一个跟着一个，绕着花盆的边缘一圈一圈地走，一小时过去了，一天过去了，这些毛毛虫还是夜以继日地绕着花盆的边缘转圈，一连走了七天七夜，它们最终因为饥饿和精疲力竭而相继死去。

　　毛毛虫习惯于固守本能、习惯、先例和经验，而无法破除尾随习惯转向去觅食，科学家把这种喜欢跟着前面的路线走的习惯称为"跟随者"的习惯，把因跟随而失败的现象称为"毛毛虫效应"。

　　时代在不断变化和发展，我们自己也在不断地成长和发展。在解决各种问题时，我们不能局限于以往的僵化模式，而要不断地创新，从而适应时代变化及自身发展的需求。大学生面对不同于高中阶段的全新的学习内容，需要摆脱思维定式，寻找更适合的学习方法、学习途径，才能"百尺竿头，更进一步"。

【学习目标】

① 认识大学生学习心理的特点；
② 掌握大学生学习心理问题与调适方法；
③ 掌握良好的学习方法和策略。

【本章重点】

学习心理　学习心理问题与调适　良好的学习心理和策略

大学阶段，学习仍是学生的主旋律，是中心任务和主要活动形式。学习不仅是大学生未来事业的基础，更是其成长的过程。但与中学不同，大学学习有着很强的目的性、自主性、选择性、探索性。大学阶段学习的特点和要求对当代大学生的学习心理产生了广泛而深刻的影响。

一、学习的概念

孔子说过："学而时习之，不亦说乎？"那么，心理学中是如何界定"学习"这一概念的呢？心理学中学习有广义和狭义两种概念。

广义上的学习，是人和动物共有的行为，是指在一定情境下由于反复地经验而产生的行为或行为潜能的比较持久的变化。通过学习，动物和人类可以获得经验，并引起行为或者心理结构的变化。

狭义的学习则是指人的学习。人的学习具有主动性、直接经验和间接经验并存，以及以语言为中介等特点，学习对象可以是某种抽象的知识，也可以是某种具体的行为方式；可以是一些公式、定理，也可以是一些动作技能。不论是哪种学习，都是经验的获得和不断累积的过程，在这个过程中，人的能力会得到改变。所以我们可以把学习看作一种过程，同时也是一种结果。心理学家桑代克认为，人类的学习就是人类本性和行为的改变。本性的改变会在行为的变化上表现出来。

二、学习的规律

学习规律是学习活动本身固有的、本质的、必然的特性，是学习时必须遵循的基本法则。懂得运用学习规律，才能保证学习质量，提高学习效率。人类学习的基本规律主要包括以下几点。

（一）记忆和遗忘规律

19世纪德国著名心理学家H.艾宾浩斯发现了记忆和遗忘的规律，即遗忘过程不是均衡的，遗忘的发展"先快后慢"。他认为"保持和遗忘是时间的函数"，并根据实验结果绘制了"艾宾浩斯记忆遗忘曲线"（图6-1）。这就是说，遗忘是在学习之后急速发生的，要想防止和减少遗忘，就必须尽早地加以复习。艾宾浩斯还在他的《论记忆》一书中写道："保持和复现，在很大程度上依赖于心理活动第一次出现时注意和兴趣的强度。"一般知识和日常事物，如同过眼烟云，而遇险的场景、受辱的情景和自己用心思考写成的文章却终生难忘，原因就在于后者刺激强度大。

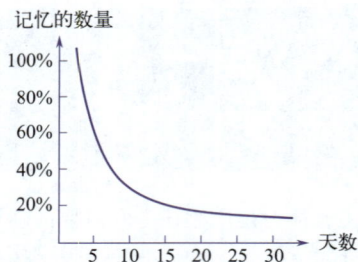

图6-1　艾宾浩斯记忆遗忘曲线

（二）序进累积规律

学习是循序渐进的过程，是知识经验不断积累，从量变到质变的过程。"九层之台，起于垒土；千里之行，始于足下"，这里的"垒土""足下"就是基础。心理学家奥苏贝尔说："影响学习的唯一最重要的因素，就是学习者已经知道了什么。"基础决定学习的内容——该学什么不该学什么；基础决定学习的难度——能学什么不能学什么。重视学习的基础，做到循序渐进，学习就能收到好的效果。

（三）学思结合规律

"学思结合"是中国古人一直推崇的学习方法，孔子曾说："学而不思则罔；思而不学则殆"。只有学思紧密结合，才能提高学习效率。学思结合规律即学习与思考相伴：学，是指信息的输入；思，是指对信息进行处理加工。学与思是辩证统一、密切联系、不可分割的，二者相辅相成。

【素养看点】　　　**学而不思则罔，思而不学则殆**

"学而不思则罔，思而不学则殆"出自《论语·为政》，强调学习与思考的辩证统一。知识学习需与价值引领结合，避免陷入"本本主义"或"空想陷阱"。在生活中要"学用相长"，既要系统掌握理论，又要通过社会实践深化认知，将知识转化为解决实际问题的能力。例如，面对多元思潮时，青年需以学奠基，以思辨伪。当前信息碎片化加剧了"学而不思"或"思而不学"的倾向，学习中需要培养批判性思维，实现从"被动接受"到"主动建构"的转变。

（四）知行合一规律

人的学习，既是学习理论，又是学习实践；既是为了知，更是为了行。知行统一规律就是学习和实践相结合。在学习中我们不仅要掌握理论知识，而且要将理论知识运用于实践，指导我们的"行"；而对实践的总结又形成理论，达到"知"。学习的知与行是辩证统一的。

（五）知识迁移规律

迁移是指一种学习对另一种学习的影响。从结果来分类，可分为正迁移和负迁移。已有的知识、技能在学习新知识和解决新问题的过程中，能够很好地得到利用，从而产生触类旁通、举一反三的学习效果，这就是先前的学习对以后的学习产生的正迁移现象。这种迁移现象，既表现在不同学科之间，也表现在同一学科的不同方面之间。负迁移常表现为新旧概念互相混淆而产生干扰现象。

（六）环境制约规律

所谓学习环境，是指家庭与学校、教室与寝室、室内与室外等不同的学习场所。学习主体受制于他所处的学习环境。学习主体在学习时，一方面依靠基因遗传（提供学习发展的可能性），另一方面受后天环境的影响。"孟母三迁"的故事揭示了学习环境制约规律的实质。

三、学习的类型

对于学习的类型，国内外不同的研究者有不同的看法。

（一）加涅的分类

美国教育心理学家罗伯特·米尔斯·加涅根据复杂程度将学习由低级到高级分为8类，根据学习结果将学习分为5类。

1.根据学习活动的复杂程度的分类

（1）**信号学习**。指学习者学会对某个信号刺激做出概括性反应的过程。

（2）**刺激-反应学习**。指学习者学会对某个刺激做出正确反应的过程。

（3）**连锁学习**。即运动联想学习，它是对刺激的一系列反应的联合。

（4）**言语联想学习**。是指语言单位的连接过程。

（5）**辨别学习**。是指学会对许多相似但不同的刺激做出识别反应的过程。

（6）**概念学习**。是在对刺激进行分类时对事物抽象特征的反应。

（7）**原理学习**。即对概念的连锁学习，它使个人能用一类行动对一类刺激做出反应。

（8）**问题解决学习**。是原理学习的自然扩展，发生在学习者的内部。

2.根据学习结果的分类

（1）**言语信息学习**。指学习用语言文字表达的知识。这种知识用来回答"是什么"，其能力要求主要是记忆。

（2）**智慧技能学习**。指学习运用符号办事的能力，这种能力用来回答"怎么办"，对学生的能力要求主要是理解和运用概念和规则，进行逻辑推理。

（3）**认知策略学习**。指学习个体对自身的认知加工过程进行内部调节与控制的能力，它是学生学会如何学习的核心。

（4）**动作技能学习**。动作技能是指协调自身肌肉活动的能力。

（5）**态度学习**。态度指能决定个人行为选择的内部状态。

这五种学习又分为三个领域，前三种学习属于认知领域，第四种学习属于动作技能领域，第五种学习属于情感领域。

（二）奥苏伯尔的分类

美国心理学家戴维·保罗·奥苏伯尔根据学习内容和认知过程的复杂程度，把学习分为三大类，即符号学习、概念学习、命题学习：①符号学习，也称表征性学习，是指学习单个符号或一组符号所代表的事物和意义；②概念学习，分为两种情况，一种是概念认识，即用某种符号概括同类事物的共同本质特征的过程，另一种是概念同化，即以定义的方式直接向学习者呈现同类事物的本质特征；③命题学习，是学习由若干概念组成的句子的意义，通过句子来理解各个概念的含义及结构关系。

（三）潘菽的分类

我国心理学家潘菽根据学习的内容将学习分为四类，即知识学习、技能学习、能力学习、道德品质和行为规范的学习。

（1）知识学习。知识是人类对客观事物的特征、属性及内在联系的反映，是人类社会经验的重要组成部分，是人类进行交际、生活、生产的主要工具。知识学习是人类学习的主要内容之一。

（2）技能学习。技能是一种通过学习形成的有规则的活动方式，是人们顺利行动所不可缺少的调节因素，主要指运动的、动作的技能。

（3）能力学习。能力是直接影响人们顺利而有效地完成学习和其他各种活动任务的个性心理特征，它是在掌握各种智力技能的过程中形成并发展起来的一种更为概括的本领。

（4）道德品质和行为规范的学习。道德品质是指衡量行为正当与否的观念与标准。行为规范也称行为准则，是人类社会生活中各种人与人之间关系的反映，是规范人的社会行为的工具。不同的社会有不同的社会行为规范，它是社会经验的重要组成部分。

第二节
大学生学习的特点

大学生的学习呈现出外在与内在的不同特点。

一、大学生学习的外在特点

（一）自主性

大学生的学习无论是学习内容、学习时间，还是学习方式，都更加强调学习的自觉性与能动性。大学生学习的能动性表现在三个方面：第一，大学生对学习内容具有较大的选择性，特别是随着高等教育改革的深化，大学的课程安排更加科学合理，既有公共必修课、专业基础课，还有辅修课程及大量选修课，学生可以根据自己的专长、兴趣自由选择；第二，大学生可以控制自己的学习时间、学习方法，自学能力是衡量大学生学业拓展能力的重要指标；第三，高校更加重视应用能力，课程设计、学年论文、毕业设计等都体现着知识的运用能力，也充分体现学生的主观能动性。

（二）专业性

大学生的学习是在确定了基本的专业方向后进行的，因此学习的职业定向性较为明确，是为了将来走上工作岗位，适应社会需要进行学习。专业学习要求大学生既要了解本专业的前沿知识与经典理论，又要掌握与专业相关的基础技术，并紧跟专业发展前沿，建构合理的知识与能力结构。丰富专业知识、开阔专业视野是大学生学习的主要任务。

（三）广博性

现代大学教育不仅注重学生专业知识的掌握，更注重学生综合素质和能力的培养。大学生在大学期间除了要学好专业知识外，还应该根据自己的能力、兴趣和爱好，选修或自学其他课程，扩大知识面，为毕业后更好地适应工作打下良好的基础。

（四）技能性

目前的高等教育强调专业技能的学习与实践能力的培养同样重要。高校的培养目标也在向这一方向靠近，更加重视大学生专业技能的提高。高校的培养方案、教学计划更是把实践教学和技能培养放在重要的地位，根据这一发展趋势，大学生在毕业设计与毕业论文等方面都体现了其对知识活学活用的能力，也充分体现出大学生的学习更加注重技能和实践。

（五）创造性

大学是知识的殿堂，是研究的阵地，大学生的学习具有一定的研究性和探索性，需要关注书本之外的新观点、新理论，了解学科发展前沿，发现存在的问题及解决的思路。目前，高等学校普遍加强大学生创新能力的培养，在课程设置、课程安排等方面突出学生的主体地位，并加强实践环节，旨在提高大学生的研究能力和创新能力。

二、大学生学习的内在特点

与大学生学习的外在特点不同，大学生学习的内在特点指的是内在的心理特点，主要有以下几个方面。

（一）学习动机的特点

动机可分为内部动机与外部动机。针对学习动机而言，凡是根据自身的意志、兴趣、爱好等进行学习的动机因素都是内部动机，如明确的学习目标与强烈的求知欲，内部动机具有持久性、主动性等特点；与此相反，在外因的驱使下，如由家长、教师等人所提供的赏罚手段来推动大学生学习，称为外部动机，它是短暂的，引起的学习行为是被动的。大学生的学习动机已经逐步内化，趋于稳定。部分大学生在学习上较为积极主动，学习动机强烈，但也有部分大学生考入大学后，没有给自己设立新的学习目标，学习成绩只求及格，缺乏学习动机和学习兴趣。

（二）学习行为和方法的特点

大部分大学生能自觉学习，积极参加各种专业训练活动，努力提升自身素质，但也有少部分学生无心向学，经常旷课，课外时间都用来娱乐，发展个人兴趣，或是外出打工。"大学生持续一贯的努力"有随年级升高而降低的趋势：从一年级至三年级降低，但四年级显著上升；"学习兴趣"在一年级、三年级较高，二年级、四年级较低；"学习的积极主动性"在二年级时达到低谷。在学习方法上，大学生的学习不仅要学知识、学专业，更重要的是学方法、学策略，发展和提升学习能力。当代大学生可以利用图书馆和互联网学习，也可以通过参加各种社团活动拓宽自己的知识面，提高自己的能力。

（三）学习自我评定能力的特点

随着知识的丰富、能力的提高，大学生的自我评定能力也在不断增强。很多大学生在学习过程中，能够根据自己的学习结果提供的信息，对自己的学习活动自主进行调节和控制，制定出一套适合自己智力、能力发展的计划，以更好地完成大学阶段的学习任务。

第三节
大学生学习的心理问题与调适

从中学来到大学，由于角色的变化和学习环境的变迁，不少大学生对学习规律认识不清，对学习方法掌握不当，遇到种种困惑，出现学习心理障碍，严重的甚至影响身心健康。帮助大学生正确认识学习心理，进行学习心理调适，使之适应大学的学习，是大学生心理健康教育的重要内容之一。

【案例讨论】

王某，女，20岁，大学一年级学生，自幼聪明活泼，学习成绩在班上名列前茅。父母对她寄予了很高的期望，她也非常努力，对自己要求很高，并以优异的成绩考上了大学。

进入大学后，王某学习依然认真刻苦，但是在第一学期的期末考试中，外语成绩刚刚及格。父母得知她的成绩后，表现出不满，给了她很大的心理压力，她本人对自己的考试成绩也耿耿于怀，心理上产生了极大的挫败感，以及自责、自卑的情绪，甚至开始怀疑能否顺利地完成大学学习。自此，王某不再有原来的豪情壮志，对学习也失去了兴趣，总是感到难以言状的苦闷和空虚，觉得前途渺茫，上课的时候也无法集中注意力认真听讲。王某想提高学习成绩，可学习效率很低，学习时觉得心烦意乱。第二学期期中考试，王某的外语成绩没有及格。

智慧点拨

　　王某的问题是学习动机问题。王某受表面的学业动机的驱使，渴望外在的奖励与肯定，而且学习期望过高，自尊心强，渴望学习成功，担心学业失败，致使学习压力过大，负性情绪体验增多，从而导致学习兴趣减弱、学习效率下降，并造成严重心理失衡和学习行为的畸变。

一、学习动机的不当与调适

　　学习动机不当包括学习动机不足和学习动机过强两方面。

（一）学习动机不足

　　学习动机不足是指学习没有内在的驱动力，没有学习的兴趣，无求知的欲望，也就是学生常讲的"学习没劲"。

1. 学习动机不足的表现

　　① 没有明确的学习目标，不清楚所学专业的课程设置和发展趋向，不了解自己每个学期要达到什么要求，因为缺乏合理的目标体系，所以，不能进入良好的学习状态；②学习计划性不强，无法按照实际情况对每门课程所需时间做出合理的分配；③学习功利性强，只是为了应付考试，不充分享受学校的学习资源，把大量的时间和精力用于娱乐，如上网聊天、打游戏等；④学习适应困难，缺乏成就感，学习遇到困难时不主动积极地寻求解决办法，自学能力弱，导致学习成绩下降，信心受挫，对学习缺乏兴趣。

2. 学习动机不足的调适

　　① 了解自己的需要，提升学习动机，从"要我学"转变为真正的"我要学"，成为自主的学习者，关注自己能力发展的需要，才能体验到掌握知识或技能后发自内心的喜悦。②学会正确的自我归因，在追寻学习成功或失败的原因的时候，大学生最好将原因归结于不稳定但可以控制的因素，例如努力程度，当学习成功的时候这样归因可以促使自己继续努力，而当暂时失利时，也能够对自己说，不是我不聪明是我不够努力，还要继续努力。③改进学习方法，提高学习效率与学业自我效能感。④培养学习兴趣，主动快乐地去求知，孜孜不倦地去探索和研究。

（二）学习动机过强

学生对学习期望过高，自尊心强，渴望学习成功而担心学业失败，受表面的学业动机的驱使，渴望外在的奖励与肯定，这些都会造成学习强度过大，心理压力增大。这类大学生往往个性比较强，做任何事情都力求完美，时常使自己身处高压环境。

1. 学习动机过强的表现

① 成就动机过强，高估自己的实力，目标远远超过自己的实际能力，当面临失败和挫折时，容易导致心态不平衡。②奖励动机过强，一心只想获得奖励，避免受到惩罚。③由于科学安排时间不当，加之课业选修过多，部分大学生学习时间过长过紧，身心得不到应有的调整与恢复，从而产生生理和心理的疲劳。

2. 学习动机过强的调节

① 转换表面的学习动机为深层学习动机，淡化外在奖励特别是学业成就的诱因，正确对待荣誉与学业成绩。②正确认识自己的潜质，制订恰当的学业目标与学业期望，循序渐进，不好高骛远。③培养广泛的兴趣爱好，积极参加各类文化娱乐活动，注意劳逸结合，重视综合素质的提高。

【案例讨论】

学生甲：上大学前，我的学习成绩一直比较优秀。上大学后，我忽然感到很茫然，学习没有动力，生活没有目标，有时候想到父母的辛苦，我也恨自己不争气，可我的确找不到奋斗的目标与学习的动力，学习上得过且过，生活上马马虎虎，自由散漫，上课打不起精神。我不是因为喜欢上网而荒废了学业，而是因为实在觉得没劲才去上网聊天、打游戏的。我如何才能摆脱这种状态？

学生乙：我今年已经大学三年级了，我一向对自己要求很高，成绩也一直很优秀。这与家庭的期望有关，我的父母都是具有高级职称的知识分子，在他们的言传身教下，我从小就知道人需要努力与奋斗。对大学生活，我做了认真细致的规划：成绩始终要拔尖；大学二年级通过国家英语六级考试和托福考试，为将来出国留学做好准备；大学三年级竞选学生会干部，提高自己的组织能力。于是，我像一只陀螺一样飞速运转着，珍惜大学的分分秒秒。但我发现自己离原定的目标越来越远，我开始怀疑自己的能力，多年积累的信心受到挑战。对未来，我充满担忧。我该怎么办呢？

智慧点拨

从上面的两个案例，我们可以看出，使这两位大学生产生困扰的主要原因是他们的学习动机不当，前者是因为学习动机不足，后者是学习动机过强。

学生甲从高中进入大学后一下子失去了方向，心中感到茫然，生活没有目标，学习也失去了动力。针对这种情况，应从自身出发，主动寻求学习上感兴趣的触点，激发出自己的学习兴趣。

学生乙是由于学习动机过强导致对自己要求过高、压力过大，从而影响学习效果及身心健康。针对这种情况，大学生应正确评估自己的能力，合理设置学习目标，淡化外在的一些因素，更加注重自己内在的提高。

二、考试焦虑

（一）焦虑及考试焦虑的概念

焦虑是指一个人遇到实际的或臆想的挫折而产生的消极不安的情绪体验，由多种感受交织而成。焦虑可分为轻度焦虑、中度焦虑和重度焦虑。心理学研究表明，适度焦虑对学生的学习是有利的，焦虑不足会使学生不思进取、萎靡消沉，但焦虑过度会使学生感到沮丧、痛苦、失望、内疚。

考试焦虑是一种常见的学习心理问题，是学生担心考试不能达到预期目标或可能产生不良后果而出现的紧张不安、恐惧的情绪状态。考试焦虑的主要表现为情绪上心烦意乱、躁动不安、无精打采、紧张、担忧；认知上注意力不集中、记忆力下降、学习效率低；行为上坐立不安、手足无措；生理上头痛、肠胃不适、食欲下降、失眠等。个别大学生还会在考场上出现视力障碍、判断力下降、大脑一片空白等情况。考试焦虑的原因主要是不正确的考试态度，或平时对知识掌握得不够扎实，当然也与大学生自身的考试经历和性格等有关。

（二）考试焦虑的自我调适

1. 正确认识考试，稳定情绪

要认识到考试只是检验学习结果的一种手段而非目的，考试成绩并不能全面反映自身学习能力。考试成绩对个体将来的就业或成功有一定的影响，但绝不是决定因素。

2. 做好充分的考试准备

大学生应制定可行的考试计划，平时多努力，扎实地掌握知识，充分的准备工作有利于大学生轻松地进入应试状态。除了要调整好情绪，还要保证充足的睡眠，要重视科学用脑，不要"开夜车"。

3. 正确评估自己，树立必胜信心

大学生在考前不要盲目乐观，也不能低估自己。振奋士气、树立必胜的信心是防止"怯场"的有效方法，它能使大学生始终处于自信而不自满、自尊而不自负的心理状态。

4. 自我放松，自我暗示

在考试前大学生要给自己积极的心理暗示"我一定行"。考试过程中如果感到过度紧张，可以反复暗示自己"放松，不要紧张"，可以通过深呼吸来缓解。

三、学习疲劳与调适

（一）学习疲劳的原因

学习疲劳是因长时间持续学习，在生理、心理上产生劳累，致使学习效率下降，甚至出现健康方面的问题。造成疲劳的主要原因有：①不注意科学用脑和劳逸结合；②学习过于紧张，注意力高度集中；③持久的积极思维与记忆；④学习的内容单调乏味，缺乏学习兴趣；⑤睡眠不足；⑥在异常的气温、湿度、噪声和光线不足等环境里学习。

（二）学习疲劳的调适

大学生的学习疲劳是一种心理状态，是可以控制的，可以采用外部调节和内部调节的方法消除学习疲劳。

1. 外部调节——环境优化策略

研究发现，学生的学习心理状态具有情境性，外部学习情境对学习状态有重要影响。人本主义心理学家罗杰斯认为，学习者如果在一种互相理解、互相支持、没有等级评分和鼓励自我评价的环境中，就会处于心理安全状态，更有利于学习的进行。可以通过在学生学习时提供背景音乐开展更自由的学习等方式，为学生创造良好的外部环境。

2. 内部调节——心理调节策略

心理调节是调节学生学习心理状态的重要方法，最终目的是让学生能够实现学习心理状态的自我调节。心理调节的方法包括想象训练、呼吸调节训练、放松训练、悬念训练、划消训练、头脑风暴法等心理训练方法，调节学生的动机状态、情绪状态、注意力稳定性和指向性、思维的灵活性和流畅性；还可以通过"战绩"回忆、积极暗示、模拟训练、心理会谈等方法让学生找到自信，体验到最佳学习心理状态。

四、考试作弊行为与调适

（一）考试作弊行为分析

考试是衡量和评价学习成效的重要手段，而非学习的目的，但中国长期的应试教育模式形成了"考试定终身，分数论英雄"的思想。于是在大学生中便出现了形形色色的考试作弊现象。

考试作弊违反了公平竞争的原则，不利于人才的选拔和培养，会严重影响大学生的身心健康，对社会风气的净化和精神文明建设也会产生消极的影响。第一，考试作弊掩盖了真实的考试成绩，教学效果难以准确评估，不利于改进教学方法、提高教学质量。第二，作弊风气的盛行使大学生产生了严重的心理困惑：认真学习的学生，看到作弊的同学学习成绩超过自己，会感到不公平，影响刻苦学习的信心；而考试作弊的学生在不劳而获的行为屡获成功后，必然滋长投机心理，将来走上社会也不肯脚踏实地地工作，对他们一生产生不良影响。第三，考试作弊的歪风必然导致一些学生不思进取，纪律松弛，逃课旷课，干扰学生日常管理工作，对校园精神文明建设产生不良影响。

（二）考试作弊行为的教育与防治

1. 加强认识

在校期间学习的知识将终身受益，靠作弊得来的分数只是空中楼阁。大学生应努力从自己做起，克服虚假嫉妒、投机、从众攀比等心理以及"哥儿们义气"，树立科学的考试观和公平的竞争观，建立诚实为人的生活信念，在学习上求知求真。

2. 自我纠正

大学生要积极运用自我鼓励、自我说服、自我命令、自我暗示等方法，对考试作弊行为进行自我矫正，当在考试中有作弊念头时，应说服自己摒弃作弊想法，鼓励自己独立答卷。

3. 学校教育

学校应该严格考试纪律，做好考前教育，监考教师严格执行监考任务，把作弊现象消灭在萌芽状态。

【扩展阅读】

考试作弊的五大后果

考试作弊是非常严重的行为，当前很多学校会将考试作弊记入诚信档案。这远非一张成绩单上的污点，而是如影随形的人生枷锁。2025年高考前夕，江西某考生因携带微型耳机作弊被当场查获，其手机中存储的作弊答案与考场监控录像形成完整证据链。这个本可进入985高校的尖子生，最终被所有一本院校拒之门外，甚至因档案中的"作弊记录"，公务员报考系统自动拦截了他的报名信息。这个案例揭开了诚信档案惩戒机制的冰山一角——它如同一张无形的天网，将个体行为与未来人生紧密捆绑。

升学通道的关闭往往是最直接的打击。根据《国家教育考试违规处理办法》，作弊考生不仅当次成绩作废，更可能面临1～3年禁考期。2024年湖南省教育考试院通报的案例显示，某学生因有两年前的考试作弊记录，被中南大学研究生院直接取消拟录取资格。这种"一票否决"机制在特殊招生领域更为严苛，军事院校、公安专业在政审时，会调取考生从高中阶段至今的诚信档案。更为深远的影响在于学术深造通道的堵塞，哈佛大学、剑桥大学等国际顶尖高校在审核中国学生申请时，均要求提供教育部出具的《考生诚信档案》，某985高校保研生因大二计算机二级考试作弊，被斯坦福大学计算机系直接拒绝。

就业市场的排斥机制则更具隐蔽性。某央企人力资源总监透露，在公司入职背景调查中，诚信档案核查已成为标准流程。"四大会计师事务所"在招聘时会使用第三方征信平台。

法律惩戒的达摩克利斯之剑始终高悬。最新修订的《中华人民共和国刑法修正案》将组织考试作弊罪的最高刑期提升至7年，某艺考机构负责人因通过境外服务器贩卖美术统考答案，被判处5年有期徒刑并处罚金200万元。这种刑事追责已形成跨国威慑：2024年雅思考试泄题案中，3名涉案考生被英国签证与移民局列入黑名单，永久禁止申请英国留学签证。

社会信用体系的"连坐效应"正在形成。浙江某县将学生诚信档案与家庭福利挂钩，某高考作弊考生的父母失去申请公租房的资格；某高端相亲平台数据显示，2025年会员查询诚信档案的比例同比上升47%，12%的会员明确表示"不接受有作弊记录的对象"。

特殊领域的禁入机制构筑起职业防火墙。某三甲医院人事科负责人透露，医师资格考试作弊记录将导致执业医师资格证永久失效；某省会城市2025年教师招聘，要求所有应聘者签署《诚信承诺书》，并现场调取近十年诚信档案。

这张由法律、制度、社会认知共同编织的惩戒网络，正在重塑整个社会的价值认知，个体的一次失范行为将演变为终生背负的"数字镣铐"。这种惩戒机制的严厉性，倒逼教育体系从"分数导向"向"人格培养"转型，也警示着每个年轻人：在人生的考场上，诚信才是永不失效的通行证。

第四节
大学生学习能力的提升

大学阶段，学习的任务要求更高、学习的内容更加丰富、学习的难度更大、教师的教学更具个性化，这些因素客观上要求大学生必须具备一定的学习能力。

【小贴士】学习能力的培养

1984年，美籍华人物理学家李政道在与中国科技大学少年班的同学座谈时说："考试，只是考一个人的记忆力，考的是运算技巧。这并不是学习的重点，重点是培养学习能力。"

学习能力包含：①把学习当作人生需要——想学；②有浓厚的学习兴趣——爱学；③有一套科学的学习方法——会学；④有良好的学习习惯——恒学。

一、培养良好的学习品格

（一）树立正确的学习观念

（1）树立全面的学习观。大学生首先要树立全面学习的观念，正确处理德与才，通与专，知识、能力与素质，全面发展与个性发展等方面的关系。

（2）树立自主创新的学习观。包括自主学习和创新学习的观念。

（3）建立终身学习观。今天的社会是学习型社会，终身学习是新世纪的必然要求。大学生建立终身学习的观念，不仅有益于大学期间的学习，而且将终身受益。

（二）激发学习动机

学习动机是指推动学习者进行学习的内部动力，是学习者通过学习活动以达到某种学习目的的心理动因，包括学习需要和学习期待。学习需要也称为学习内驱力，是动机的内在依据及源泉，一般由认知需要、交往需要和自我提高需要三种需要构成。学习期待是学习者所要达到学习目标的意念，实质上是学习者自定的学习目标，或是对客观规定的学习目标的主观反映。

大学生在学习动机培养上要注重好奇心和求知欲的培养和发展。好奇心不仅可以成为大学生学习的动力，甚至会引导出具有重大意义的发明或发现。而求知欲不仅是大学生走上科学之路的诱因，而且是促进大学生进行创造性活动的主要动机。

【小贴士】加强自我效能感

大学生培养自我效能感，有助于增强掌握和运用学习策略的意识，提高学习兴趣，确立掌握知识的深层学习动机。根据美国心理学家阿尔伯特·班杜拉的自我效能理论，提高大学生的自我效能感主要有三种方式。一是增加大学生的成功经验。大学生的成功经验对效能感的影响是非常大的，不断的成功会使大学生建立稳定的自我效能感，这种效能感不会因为一时的挫折而降低，还会泛化到类似情境中。二是进行积极的自我强化。要使大学生进行积极的自我强化，关键是使其建立合适的可以达到的目标，并让他能在较近的目标达到后看到自己的进步。三是言语说服。这是一种极为常用的方法，指凭借说服性的建议、劝告、解释和自我引导来加强大学生的自我效能感。

（三）培养自主学习能力

自主学习是指学习者在确定学习目标、选择学习方法、监控学习过程、评价学习结果等方面进行自我设计、自我管理、自我调节、自我监控、自我判断、自我评价和自我转化的主动学习过程。高校的学习更强调大学生的自主性和主动性。所谓的自主学习，不仅包括自觉主动，更包含了大学生对学习方法的探索和对学习的定位。大学不同于中小学，自由的学习环境更容易使人迷失自我，自由不等于放纵，所以大学生要确定自己的学习目标，给自己制订科学的学习计划，学会安排自己的时间，这样才能真正成为学习的主人。

二、掌握良好的学习方法

【案例讨论】

小陈以优异的成绩考入北京某重点大学，但在第一学期期中考试，高等数学竟然不及格。这给他带来一定的打击，也产生了很大的心理压力。他向师兄请教，师兄告诉他，解决问题的好办法就是借鉴那些学习成绩好的同学的学习方法。小陈这样做了，但期末成绩依然没有起色。于是，他来到大学生心理健康指导中心。在与心理咨询老师的交流中，他深受启发，认识到大学的学习与中学的学习有显著的差异，需要充分了解大学的学习特点，转变学习方法，同时认识到单纯地学习别人的方法是不行的，应结合别人有效的学习方法，找到适合自己的学习方法。

智慧点拨

小陈遇到学习问题是没有寻找到适合自己的学习方法，只是简单地复制别人的学习方法或者沿用高中的学习模式，这是不能适应大学学习的。所以，掌握良好的学习方法是大学生的必修课。

学习方法作为一种技巧，是可以学会的。但学习有法而无定法，任何一种学习方法都要因人而异，因学科而异，切忌照搬照抄，一定要结合自己的实际情况使用。下面介绍几种适合大学生的学习方法。

（一）笔记法

高校专业课通常持续两三小时，授课内容密集，单次课程可能涵盖多个章节。课堂教学侧重理论方法与思维拓展，知识内化与延伸学习需在课后完成。由于认知负荷限制，学生较难当堂掌握授课内容，因此科学的笔记记录法成为适应高等教育的重要学习方法。

高效记笔记需掌握五大原则：①提炼关键信息，采用词汇联想法增强记忆锚点，形成优质复习资料；②建立分级标题系统，实现知识体系结构化；③预留批注空间，便于补充参考资料与学习心得；④避免重复誊抄，减轻学习负担；⑤即使教材内容与讲授高度重合，也要坚持记录习惯，保持课堂思维专注度。

【扩展阅读】 康奈尔笔记法

康奈尔笔记法（Cornell Notes），又称5R笔记法，由美国康奈尔大学的Walter Pauk博士于1974年提出，是一种系统化的笔记方法，旨在通过结构化记录、提炼和复习来提升学习效率。其核心是将页面分为三个功能区，结合"记录-简化-背诵-思考-复习"的闭环流程，帮助学习者将信息转化为长期记忆。

一、结构

·笔记区（页面右侧，占页面约三分之二）

功能：记录课堂、阅读中的核心内容，如概念、案例、公式等。

技巧：用关键词、符号（如箭头、波浪线等）标记重点，避免逐字抄写。

·线索栏（页面左侧，占页面约三分之一）

功能：提炼笔记区的关键词、问题或框架，作为复习时的记忆线索。

技巧：课后立即归纳，用短语或问题形式（如"为何""如何应用"）提炼要点。

·总结栏（占页面底部一两行）

功能：用一两句话概括整页内容，或记录反思、疑问、延伸思考。

技巧：结合个人理解，促进知识内化。

二、5R操作流程

·记录（Record）：快速记录关键信息，保持连贯性，暂不纠结格式。

·简化（Reduce）：课后提炼笔记区内容，将论点、公式等浓缩为线索栏的关键词或问题。

·背诵（Recite）：遮盖笔记区，仅通过线索栏复述内容，检验理解深度。

·思考（Reflect）：在总结栏添加个人见解、疑问或关联其他知识，如"此理论与实际案例的差异"。

·复习（Review）：定期快速浏览线索栏和总结栏，强化记忆，查漏补缺。

（二）记忆法

学习中的记忆方法是多种多样的，在具体运用时需根据自己的实际情况，选择最适合自己的方法，掌握记忆的规律，提高记忆的效率，增强记忆的效果。

（1）**特征记忆法**。对于那些在形式或内容上极为相似的知识，我们通过细致的观察和全面的比较，找出它们共有的容易记住的特征，从而在头脑中留下深刻的印象。

（2）**及时复习法**。艾宾浩斯对遗忘的研究发现，遗忘发生的规律是先快后慢。学习20分钟后被遗忘的内容就会达到42%，1天后遗忘率将达到近66%，而30天之后遗忘率仅仅上升至79%，一段时间后几乎就不会再遗忘（表4-1）。

表4-1　艾宾浩斯遗忘规律

时间间隔	记忆量
刚刚记忆完毕	100%
20分钟之后	58.2%
1小时之后	44.2%
8～9小时后	35.8%
1天后	33.7%
2天后	27.8%
6天后	25.4%
一个月后	21.1%

根据遗忘规律，如果想巩固学习效果，提高学习效率，就必须及时复习。刚学过的新知识应该及时复习，复习间隔时间不能过长，一周内要复习两次；随着记忆巩固程度的提高，每次复习

的间隔时间可以延长。

（3）形象记忆法。对于那些比较抽象的内容，可用图、表等形式形象地描绘出来，图形能承载更多的信息，利用图形有助于加深识记痕迹，提高记忆效率。因此，在学习过程中对需要进行逻辑识记的内容，可以寻找其直观模型，以增强印象。

（4）讨论记忆法。如果有不理解的地方，可以与同学们进行讨论，在讨论的过程中正确的东西就比较容易记住。

（5）练习记忆法。一些可以通过动手来记忆的内容，可以通过实际操作来增强记忆。多种器官共同活动比单一器官活动记忆效果好，因此可以采用眼看、耳听、口说、手写、脑想多种感觉器官协同活动来提高识记效率。

（6）骨架记忆法。先记住大体轮廓，然后由粗到细逐步记忆每一细节。有纲、有目、有系统的内容容易识记，因为能缩减识记单元的数量。所以在学习过程中要整理出系统框架，以便提高识记的效果。

（7）重点记忆法。记住公式、定理、结论、基本概念等重点内容，然后以此为记忆的"链条"来联系其他内容。

【扩展阅读】 心流：人类意识的高效运作状态

　　心流（Flow）是积极心理学领域的核心概念，由匈牙利裔美国心理学家米哈里·契克森米哈赖（Mihaly Csikszentmihalyi）于1975年在其著作《心流：最优体验心理学》中系统提出。这一概念描述了一种特殊的意识状态：个体在专注完成任务时，因挑战与能力达成动态平衡，产生高度投入、愉悦且高效的心理体验。

　　从神经机制看，心流的触发与大脑多系统的协同运作密切相关。当个体面对适度挑战（如解决复杂问题、学习新技能）时，前额叶皮层（负责执行控制与目标导向）被激活，同时基底神经节（奖赏系统核心脑区）因即时反馈（如任务进展、成果验证）释放多巴胺，形成"挑战-能力"的正向循环。此时，杏仁核（情绪调节中枢）的威胁预警功能减弱，个体焦虑感降低，注意力资源得以高度集中于当前任务。神经影像学研究显示，长期进入心流状态的群体，其前岛叶皮层（与情绪调节、自我觉察相关）的灰质密度显著高于普通人群，这为心流对心理韧性的提升提供了生理依据。

　　心流在现实场景中的应用具有明确的实践价值。在教育领域，某国际学校通过"心流学习护照"项目，将数学、科学等学科任务设计为阶梯式挑战，配合实时进度反馈机制，使学生课堂专注时长和学习效能提高均有较明显提升。

　　心流的触发需满足三个关键条件：其一，目标清晰且可量化（如"完成500字论文初稿"而非"写点东西"）；其二，挑战难度与个体能力匹配（过难引发焦虑，过易导致无聊）；其三，存在即时反馈机制（如解题正确提示、运动手环心率监测）。研究表明，每日进行25～40分钟结构化心流训练（如专注写作、绘画或技能练习），可逐步重塑大脑神经突触连接，增强前额叶皮层对注意力的调控能力。

从攀岩者精准控制肢体动作的瞬间，到程序员调试成功时的会心一笑，心流本质上是人类意识对注意力的高效调度。它揭示了一个核心规律：真正的愉悦并非源于某种需求的满足，而是源于意识与行动的深度协同。在信息碎片化与注意力分散成为常态的当下，理解心流的运行机制并主动构建心流状态，不仅是提升效率的工具，更是维护心理健康、实现自我成长的重要路径。

三、注重综合能力的培养

大学教育具有明显的职业定向性，除了要求大学生扎扎实实掌握书本知识，还要提升研究和解决问题的综合能力，包括创新能力、组织管理能力、思维能力、表达能力等，为将来适应社会工作打下良好的基础。

（一）创新能力

创造性的才华能使人更快取得与众不同的成绩，创新是打破事业停滞状态的重要方法。大学生在校期间，应不断提高自己的创新能力，增强创新意识，可以多参加一些实践活动，如在社团活动中锻炼策划能力，也可以参加社会实践活动制定策划方案来提高自己的创新能力。

（二）组织管理能力

具有一定交往能力和组织管理能力的大学生越来越受到用人单位的欢迎，许多用人单位挑选大学生，在注重学业成绩的同时，对是否担任过学生干部、参加过社会工作也很重视。培养组织管理能力包括培养计划能力、组织实践能力、决断能力、指导能力和平衡能力等。

（三）思维能力

思维能力主要包括使认识过程简化的分析能力、使认识过程深化的综合能力、对具体事物认识理论化的抽象能力、从共性出发探究个体以便更深刻认识共性的归纳能力、从已知事物出发与未知事物进行比较从而揭示未知事物运动规律的类比能力、把不同事物或同一事物的不同部分联系起来的概括能力等。培养思维能力有助于大学生理解知识、巩固知识、运用知识。

（四）表达能力

表达能力是指人们以语言或其他方式展示自己思想感情的能力，是交流思想、交流感情的工具，是个人的一项重要能力。表达能力包括口头表达能力和书面表达能力。口头表达能力，也就是口才，是指将自己的思想、观点、意见、建议等运用最生动、最有效的表达方式传递给听者，从而对听者产生最理想的影响的能力。书面表达能力，就是运用文字表达方式，使自己的实践经验和决策思想系统化、科学化、条理化的能力。大学生在校期间要加强锻炼，不断提高表达能力；要多读书，以增强自己表达思想的深刻性、观点的新颖性、内容的丰富性；要多实践，培养思路的敏捷性，表达的条理性、准确性和生动性。

【心理测试】
考试焦虑自我检查表

考试焦虑自我检查表可以帮助大学生准确地把握自己在考试焦虑方面是否存在问题。

阅读下列，如果你是这样，就在该题目左边的横线上打"√"；如果不是，则无需做任何标记。一定要如实回答，不要花太长时间思考。假如有些题目实在难以确定，可以在该题目左边的横线上作个特殊的记号，因为它可能表明了某种潜在的问题。

1. 我希望不用参加考试便能取得成功。

2. 在某一门考试中取得好分数，似乎不能增加我在其他考试中的信心。

3. 人们（家里人、朋友等）都期待我在考试中取得成功。

4. 考试期间，有时我会产生许多对答题毫无帮助的莫名其妙的想法。

5. 重大考试前后，我不想吃东西。

6. 对喜欢向学生搞突然袭击考试的教师，我总感到害怕。

7. 在我看来，考试过程似乎不应该搞得太正规，因为那样容易使人紧张。

8. 一般来说，考试成绩好的人将来必定在社会上取得更好的地位。

9. 重大考试之前或考试期间，我常常会想到其他人比我强得多。

10. 如果我考砸了，即使自己不会老是记挂着它，也会担心别人对自己的评价。

11. 对考试结果的担忧，在考试前妨碍我准备，在考试中干扰我答题。

12. 面临一场必须参加的重大考试，我会紧张得睡不好觉。

13. 考试时，如果监考人来回走动或注视着我，我便无法答卷。

14. 如果考试被取消，我想我的功课实际上会学得更好。

15. 当了解到考试结果的好坏将在一定程度上影响我的前途时，我会心烦意乱。

16. 我知道，如果自己能集中精神，考试时我便能超过大多数人。

17. 如果我考得不好，人们将对我的能力产生怀疑。

18. 我似乎从来没有对考试进行过充分的应试准备。

19. 考试前，我不能放松。

20. 面对重大考试，我的大脑好像凝固了一样。

21. 考试中的噪声（如日光灯的响声、空调的声音、其他应试者发出的声音等）会使我烦恼。

22. 考试前，我有一种空虚、不安的感觉。

23. 考试使我对能否达到自己的目标产生了怀疑。

24. 考试实际上并不能反映出一个人对知识掌握得究竟如何。

25. 如果考试得了低分数，我不愿把自己的确切分数告诉任何人。

26. 考试前，我常常感到还需要再充实一些知识。

27. 重大考试之前，我总是胃不舒服。

28. 有时，在参加一次重要考试的时候，一想起某些消极的东西，我似乎都要垮了。

29. 在得知考试结果前夕，我会感到十分焦虑或不安。

30. 但愿我能找到一个不需要考试便能被录用的工作。

31. 假如在这次考试中我考得不好，我想这意味着自己并不像原来所想象的那样聪明。

32. 如果我的考试分数低，我的父亲和母亲将会感到非常失望。

33. 对考试的焦虑简直使我不想认真准备，这种想法又使我更加焦虑。

34. 应试时我常常发现手指、双腿在哆嗦。

35. 考试过后，我常常感到不满意，觉得应该考得更好些。

36. 考试时，我情绪紧张，妨碍了注意力的集中。

37. 在某些考试题上我越费劲，脑子也就越乱。

38. 如果我考砸了，且不说别人会对我有看法，我自己也会失去信心。

39. 应试时，我身体某些部位的肌肉很紧张。

40. 考试之前，我感到缺乏信心，精神紧张。

41. 如果我的考试分数低，我的朋友们会对我感到失望。

42. 在考前，我存在的问题之一是不能确认自己是否做好了准备。

43. 当我必须参加一次确实很重要的考试时，我常常感到恐慌。

44. 我希望主考人能够察觉，参加考试的某些人比另一些人更为紧张，我还希望主考人在评价考试结果的时候，能对此加以考虑。

45. 我宁愿写篇论文，也不愿参加考试。

46. 公布我的考分之前，我很想知道别人考得怎样。

47. 如果我得了低分，我认识的某些人将会感到快活，这使我心烦意乱。

48. 我想，如果我能单独进行考试，或者没有时限压力，那么，我的成绩便会好得多.

49. 考试成绩直接关系我的前途和命运。

50. 考试期间，有时我非常紧张，以至于忘记了自己本来知道的东西。

以上是考试焦虑自测50题，答完后可按以下程序进行分析。

考试焦虑自我检查表的试题归类

类别	测查内容	题目序号
考试焦虑的来源	① 担心因为成绩不理想引起他人的负面评价	3, 10, 17, 25, 32, 41, 46, 47
	② 担心个人的自我形象受到威胁	2, 9, 16, 24, 31, 38, 40
	③ 担心未来的前途	1, 8, 15, 23, 30, 49
	④ 担心应试准备不足	6, 11, 18, 26, 33, 42
考试焦虑的表现	① 身体反应	5, 12, 19, 27, 34, 39, 43
	② 思维阻抑	4, 13, 20, 21, 28, 35, 36, 37, 48, 50
其他	一般性考试焦虑	7, 14, 22, 29, 44, 45

参考上表对自己的答题结果进行归类，制作一个自我分析表。例如你在"担心考糟了他人对你的评价"这一项的8道题中选了第3、25、41、46题（即打"√"的题），那么就在右边填上这些题号。其他项目以此类推。

项目内容	选择的题号
① 担心因为成绩不理想他人对自己的负面评价	3, 25, 41, 46

具体分析自己在每一项目上的反应情况，找出对自己影响尤为严重的方面。例如某位学生对考试焦虑的来源这样概括："我在这方面最大的问题就是不想使父母失望。"注意，表上最后列出的"一般性考试焦虑项目"可作为应试时自信程度的检验。在进行自我分析时需要耐心、认真，因为找出症结所在是进行有效防治的前提。

【活动设计】

注意力训练

【目的】

训练抗干扰能力。

【操作】

如下图所示，10条线段从左边出发后交缠在一起，请你用眼睛追视每一条线段所经过的轨迹，并在终点处的方格里写下该线段的序号。要求在1分钟内完成，并且只能用目光追视而不能借助手指或笔等工具。

抗干扰训练图

本章推荐资源

第五章　大学生职业生涯规划与能力发展

　　小李于2019年毕业于某高校企业管理专业。毕业后，他先后换了几份工作。最初，他在一家商场做售货员，负责销售电子产品，待遇还不错。但是他觉得每天站在柜台前十分枯燥，最后选择辞职。接着他应聘到一家企业做技术工人，但每天在生产线上重复同样的动作，他依然感觉无聊，工作了一年就辞职了。之后，他经人介绍进入一家保险公司做保险员，负责营销工作，但由于工作态度不积极，业绩不理想，一年后被辞退。2021年，他通过应聘进入一家小企业做采购员，负责采购一些小东西再进行销售。由于企业人手少，小李每天还要兼做一些杂务。小李感觉工作依然很无趣，想再换一份工作，但不知道自己能做什么。转眼间已过去好几年，对于自己的未来，小李一片迷茫。

　　小李一直在寻找适合自己的工作，但更换了好几份工作之后依然不如意，主要原因在于他没有针对自身特点进行职业规划，对自己没有正确的认识和评估。他需要全面深入了解自己的兴趣、性格、能力及价值观，即了解自己喜欢干什么，能够干什么，适合干什么，明确自己在职业发展上的目标，同时，了解职业市场的需求，找到与自己匹配的工作，并制定好短期和长期的职业目标，然后不断学习和提升自己的能力，从而实现职业成功和个人成长。

　　择业是每一个大学生面临的共同课题。在择业的过程中，每一个大学生都不可避免地会遇到各种外在的客观障碍和自己内在的择业心理问题。如何为顺利就业做好心理准备，怎样正确看待自己，如何选择职业，如何调适自己的就业心态等问题，不仅影响大学生将来的职业定位和职业生涯的发展，而且还会影响他们的心理健康状态。

【 学习目标 】

① 树立就业意识，端正就业观念；
② 了解大学生择业过程中常见的心理障碍及其表现；
③ 培养大学生职业生涯规划能力。

【 本章重点 】

职业生涯规划　能力概述与发展目标　大学生职业生涯规划制定

一、职业生涯规划的相关概念

（一）职业

一般所说的职业是指参与社会分工，利用专门的知识和技能创造物质财富、精神财富，获得报酬，满足物质生活、精神生活需要的活动。

不同于工作，职业更多的是指一种事业。就"职业"一词的本义而论，它至少包括两个方面的含义：首先，职业体现了专业的分工，职业化意味着要专门从事某项事务；其次，它体现了一种精神追求，职业发展的过程也是个人价值不断实现的过程。职业与个人生活相关，既是物质生活的来源，又满足精神生活的需要。可以说，人生包含了职业，职业又在很大程度上塑造了人生。

（二）职业生涯

职业生涯就是一个人的职业经历，是指一个人一生中所有与职业相关的行为与活动，以及相关的态度、价值观、愿望等连续性经历的过程，也是一个人一生中职业、职位的变迁及工作、理想的实现过程。职业生涯的概念随着时间的推移发生了很多变化。在20世纪70年代，职业生涯专指与个人生活和工作相关的各个方面。随后，又有很多新的意义被纳入其中，包含了关于个人、集体及经济生活的方方面面。

【小贴士】内职业生涯与外职业生涯

职业生涯有内职业生涯与外职业生涯之分。内职业生涯是指从事一项职业时所需具备的知识、观念、心理素质、经验、能力、身体健康、内心感受等因素的组合及其变化过程。外职业生涯是指从事职业时的工作单位、工作地点、工作内容、工作职务与职称、工作环境和工资待遇等因素的组合及其变化过程。

内职业生涯是真正的人力资本所在，提高内职业生涯而取得的工作成绩，会转化为外职业生涯。在职业生涯早期和中前期，特别是对于尚未毕业的大学生，或者是刚刚参加工作的新员工，一定要把对内职业生涯各因素的追求看得比对外职业生涯更重要。

（三）职业定位

职业定位就是清晰地明确一个人在职业上的发展方向，是职业生涯规划的基础，具体来说有三层含义：一是确定自己是谁，适合做什么工作；二是告诉别人你是谁，你擅长做什么；三是根据自己的爱好、特长、能力以及个性将自己放在一个合适的工作（生活）岗位上。职业定位通常需要以下四大步骤：①要了解自己；②了解职业；③了解自己和职业要求的差距；④要确定如何把自己的定位展示给面试官和上司。

（四）职业生涯规划

职业生涯规划又叫职业生涯设计，是在对个体的内在心理特征和外在环境条件进行评定、分析、研究的基础上，为个体设定明确的长期职业发展目标，并制订相应的发展步骤和具体活动规划。具体讲就是在对一个人职业生涯的主客观条件进行测定、分析、总结的基础上，对自己的兴趣、爱好、能力、特点进行综合分析与权衡，结合时代特点，根据自己的职业倾向，确定最佳的职业奋斗目标，并为实现这一目标作出行之有效的安排。

职业生涯规划的目的绝不仅是帮助个体按照自己的资历条件找到一份合适的工作，更重要的是帮助个体真正了解自己，并结合社会环境等外部因素确定职业发展方向，拟定可行的职业发展规划，以实现个体人生价值的最大化。职业生涯规划的科学性源于对被设计者自身及其所处外部环境的科学分析。那么随着时间的推移，当个体自身条件和外部环境发生改变时，就需要修正所设定的发展路径，甚至调整职业目标。所以，职业生涯规划并非一劳永逸，而是个体在职业发展过程中不断调整和完善的产物。

二、与职业生涯相关的心理学理论

（一）帕森斯的特质因素理论

1909年，美国波士顿大学教授弗兰克·帕森斯在其 *Choosing a Vocation*（《选择一个职业》）一书中提出了人职匹配理论，也就是著名的"特质因素论"。帕森斯认为，在选择职业的过程中，人与职业相匹配是职业选择的焦点，并提出了"职业指导三大原则"：

① 了解自己，包括个人对自己的智力、能力、兴趣、资源、优劣势及其他特质的了解；

② 了解工作，了解职业所需的知识技能、素质要求、薪酬待遇、升迁机会及发展前景等；

③ 匹配，即将上述两类资料进行综合，并找出与个人特质相匹配的职业。

在进行职业选择前，首先要评估个人的能力；其次要进行职业调查，并进行分析，包括研究工作情形、参观工作场所、与工人和管理人员亲自交谈等；最后要将个人和职业的高度配合作为职业指导的最终目标。帕森斯认为，只有这样，人才能适应工作，并且使个人和社会同时受益。

（二）舒伯的职业生涯发展理论

职业生涯规划师唐纳德·E.舒伯认为，职业生涯发展是一个持续渐进的过程，伴随人的一生。其主要观点如下。

1. 自我概念

自我概念是舒伯理论中的核心概念，指个人对自己的兴趣、能力、价值观及人格特征等方面的认识。工作与生活是否满意，很大程度上取决于个人能否在工作和生活中找到施展自我的机会。舒伯曾说："职业生涯就是对自我的实践。"

2. 职业生涯发展阶段

舒伯将个人的职业生涯发展分为以下5个阶段：

① 成长阶段（0～14岁），个人通过对家庭成员、朋友以及老师的认同以及与他们之间的相互作用，逐渐建立起了自我概念；

② 探索阶段（15～24岁），个人开始通过尝试一些自己感兴趣的职业活动，对自我能力及角色、职业进行探索，职业倾向趋向于某些特定的领域；

③ 建立阶段（25～44岁），个人开始尝试选择适合自己的职业领域，这个阶段发展的任务是致力于工作上的稳定，大部分人处于最具创造力的时期；

④ 维持阶段（45～64岁），个人通过不断努力来获得职业生涯的发展和成就，并逐渐在工作领域中占有一席之地，这个阶段发展的任务是维持既有的成就与地位；

⑤ 衰退阶段（65岁以上），由于个体生理与心理的日渐衰退，个人职业角色的分量逐渐减轻，个人逐渐离开工作岗位，开始发展新的角色，寻求新的生活方式来替代和满足个人发展的需要。

3. 职业循环理论

舒伯在后期提出，职业生涯发展的五个阶段是一个循环往复的过程。这五个阶段并不完全和年龄相关，各阶段之间也并不存在严格的界限，可能会有交叉，在人生中的不同时期，都可以经历由这五个阶段构成的一个"小循环"。

4. 生涯彩虹图

舒伯认为，一个人的职业生涯发展与个人在不同人生阶段中所扮演的各种角色，如子女、学生、休闲者、工作者、持家者等密切相关。人在某一阶段对某个角色投入得多，可能导致这一角色的成功，同时也可能导致另一角色的失败。舒伯称生涯发展的各个阶段为生活广度，称个人扮演的角色为生活空间，生活广度和生活空间交汇成生涯彩虹图。在生涯彩虹图中，舒伯描绘了生涯发展阶段与角色彼此间交互影响以及多重角色生涯发展的状况（图5-1）。

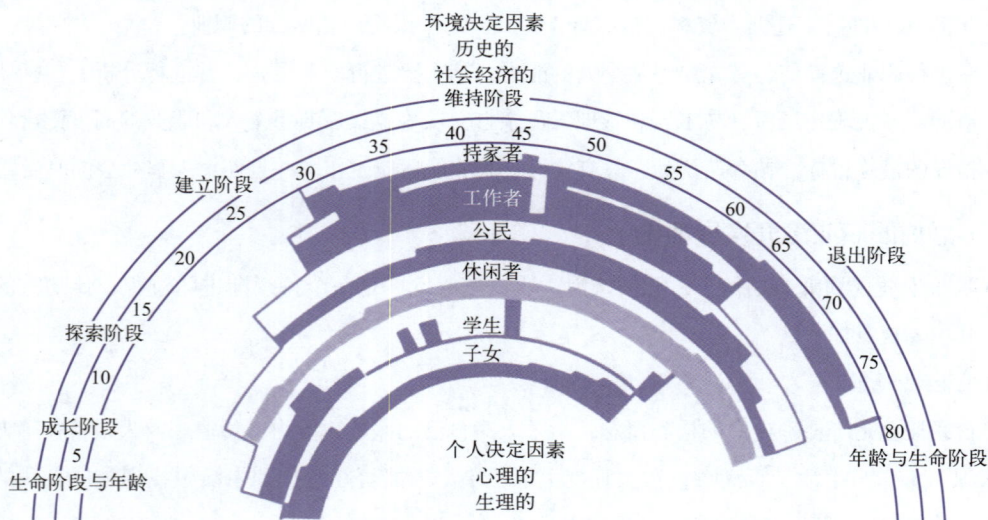

图5-1 生涯彩虹图

（三）霍兰德的职业兴趣理论

美国著名职业指导专家约翰·霍兰德认为，职业选择是人格的一种表现，工作兴趣类型即人格类型。他根据人格特征与职业相配的情况把人分为六种类型，即实际型、研究型、艺术型、社会型、企业型、传统型。

1. 实际型（Realistic）

实际型喜欢有规则的具体劳动和需要基本操作技能的工作，缺乏社交能力，不适应社会性质的职业。具有这种类型人格的人其典型的职业是技能性职业（如一般劳工、技工、修理工、农民等）和技术性职业（如制图员、机械装配工等）。

2. 研究型（Investigative）

研究型具有聪明、理性、好奇、精确、批评等人格特征，喜欢智力的、抽象的、分析的、独立的定向任务，但缺乏领导才能。其典型的职业包括科学研究人员、教师、工程师等。

3. 艺术型（Artistic）

艺术型具有想象、冲动、直觉、无秩序、情绪化、理想化、有创意、不重实际等人格特征，喜欢艺术性质的职业和环境，不擅长事务工作。其典型的职业包括艺术方面的（如演员、导演、艺术设计师、雕刻家等）、音乐方面的（如歌唱家、作曲家、乐队指挥等）与文学方面的（如诗人、小说家、剧作家等）工作。

4. 社会型（Social）

社会型具有合作、友善、助人、负责、善社交、善言谈、洞察力强等人格特征，喜欢社会交往，关心社会问题，有教导别人的能力。其典型的职业包括教育工作者（如教师、教育行政工作人员等）与社会工作者（如咨询人员、公关人员等）。

5. 企业型（Enterprising）

企业型具有冒险、野心、独断、自信、精力充沛、善社交等人格特征。喜欢从事领导及企业性质的职业，其典型的职业包括政府官员、企业领导、销售人员等。

6. 传统型（Conventional）

传统型具有顺从、谨慎、保守、实际、稳重、有效率等人格特征。喜欢有系统、有条理的工作任务，其典型的职业包括秘书、办公室人员、记录员、会计、行政助理、图书馆员、出纳员、打字员、税务员、统计员、交通管理员等。

然而上述人格类型与职业的关系也并非绝对的一一对应。霍兰德在研究中发现，尽管大多数人的人格类型可以主要划分为某一类型，但个人也有着广泛的适应能力，其人格类型在某种程度上也接近另外两种类型，也能适应另外两种职业类型的工作。也就是说，某些类型之间存在着较多的相关性，同时每一类型又有一种极为相斥的人格类型。霍兰德用六边形模型，即人格六角形模型（图5-2）简明地描述了以上六种类型之间的关系，帮助我们对人格特质类型与职业环境类型之间的适配性进行评估。霍兰德认为，占主导地位的人格特质类型可以为个人选择职业和工作环境提供方向，一个人在与其人格类型相一致的环境中工作，容易得到乐趣和内在满足，也最有可能充分发挥自己的才能。

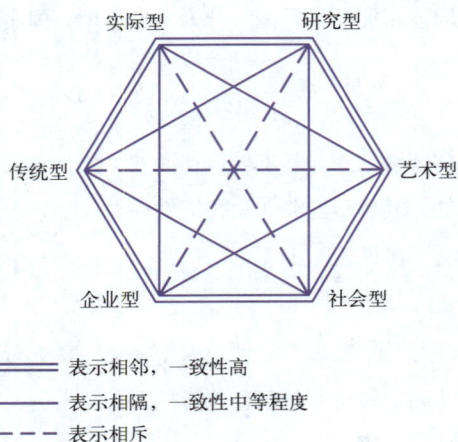

图5-2　霍兰德人格六角形模型

第二节
大学生职业生涯规划

大学生正处于生涯探索期和生涯建立期的转换阶段，首要任务是明确职业发展方向，制订具体职业发展计划和准备。明确职业发展方向能帮助大学生更好地开发潜能，提高综合素质，为大学毕业后实施职业发展规划打下基础。

一、大学生职业生涯规划的现实意义

（一）有利于大学生树立科学的择业观

部分大学生在择业时容易走向两种极端：一种是盲目自信，只考虑自身的需要而脱离实际，对用人单位和职业有盲目的要求；另一种是纯粹的现实主义心态，认为只要社会需要的就是我们要选择和考虑的。这显然与科学择业观背道而驰。科学的择业观倡导的是建立在"知己"和"知彼"基础上的"人职匹配"，系统的职业生涯规划有利于建立这种观念。

（二）帮助个人做出正确的职业选择

不同的职业，通常意味着不同的发展机会与空间。职业通常意味着特定的生活方式，选择了一个职业，也就选择了相应的生活方式。职业生涯规划能帮助个人找到最匹配自己生活方式的工作。

（三）有利于提高就业市场配置的成功率

各种形式的人才交流会是大学毕业生走向社会、选择职业的主要渠道之一。根据国内各大城市举办大型人才交流会的统计，多数大学生参加人才交流会都有一种"赶集"的感觉，没有明确的目标、没有充分的准备，使得人才交流会对接成功率不高。造成这种现象的原因之一就是大学生职业生涯规划的缺失，即大学生职业目标相对模糊，对自我缺乏认知。

（四）有利于降低离职率

如前所述，缺乏职业生涯规划的大学生由于缺乏自我认知，职业目标模糊，在某种程度上表现为盲目就业和择业，直接的后果是人职不匹配，继而引发跳槽。经过系统职业生涯规划的大学生一般都有明确的职业定向，第一次择业往往较慎重，以求在双向选择的基础上找到相对适合自己的职业，从而降低了因人职不匹配而离职的概率。

（五）有利于降低就业压力

由于缺乏职业生涯规划的指导，不少大学生随波逐流地找工作，频繁地换工作，一方面让毕业生难以在一个领域内积累必要的职业经验；另一方面，个体的这种行为最终会演变成整个社会对大学生求职者的谨慎选择，从而使大学生承受就业压力的时间变得更长。因此，大学生做好职业生涯规划有利于缓解就业压力。

二、大学生职业生涯规划的准则

（一）选择感兴趣的职业

兴趣是最好的老师，从事喜欢的工作能带来更多的满足感，也更容易取得成功。大学生在规划自己的职业生涯时，要考虑自己的个性特征，选择自己感兴趣的职业。

（二）选择能够发挥一技之长的职业

任何职业都要求从业者掌握一定的技能，具备一定的能力，大学生在进行职业选择时要充分分析别人与自己的区别，尽量选择冲突较少、可以发挥自己优势的职业，并在对自己进行正确评价的基础上，根据自己的真才实学和能力制定正确的职业生涯规划。

（三）选择符合社会需求的职业

选择职业作为一种社会活动，必然会受到一定的社会制约。社会的需求不断演变，旧的需求不断消失，新的需求不断产生，新的职业也不断产生。大学生在进行职业生涯规划时，一定要分析社会需求，择世所需。最重要的，目光要长远，要学会分析未来行业或者职业的发展方向，将社会需求作为出发点和归宿，以社会对个人的要求为准绳，实现个人利益与社会需求的有机统一。

（四）选择有所发展的职业

职业是个人谋生的手段，也是谋求发展的途径，其目的在于追求个人幸福与个人发展。所以在择业时，大学生既要考虑眼前的收益，也要考虑职业的发展前途，使自己的能力有所展现，能为社会的发展尽一份力量。

职业选择是为生活还是求发展

长期以来人们在谈论职业时都认为职业是谋生的手段，但随着社会的发展、人们科学文化素质的提高，职业对人们的意义在不断扩展，职业能满足人们从生理到心理的各个层次的需要。可以说，仅把职业看作谋生手段是难以获得事业成功的。人们越来越重视职业生涯的发展意义，强调将自我、社会与职业的发展结合起来，以职业生涯发展观代替过去的职业观。因此职业选择也就不是简单地选择一项工作的问题，而是应该放到职业发展这个大的背景下做长远考虑与规划。研究（唐钧，2000）发现，发展规划的明确程度对就业准备影响最大，而在同等条件下就业准备越充分，找到的工作就越好。因此大学生必须加强自我的职业生涯发展意识，并运用有关职业设计的理论与方法比较明确地规划工作的发展方向，这不仅有利于当前的职业选择，更有利于将来的职业发展！

生涯发展能力的内涵及其培养可以从以下七个方面加以探讨（吴武典，1999）：①自我经营的能力；②计划与行动的能力；③时间管理的能力；④人际交往的能力；⑤适应能力；⑥创新能力；⑦专业的知识和技能。作为大学生，如果能在学业能力的基础上进一步培养上述七种生涯发展能力，必能走向事业成功、生活美满的人生。

职业生涯发展强调在工作中发挥自己的潜能，实现自我的理想，获得自我价值。对于大学生而言，职业生涯发展主要有以下几种道路：①立足本专业，通过实践或深造的方式不断发展的道路；②改变专业发展的道路，这又分为自学成才和考研两条道路；③在实践中调整职业、谋求发展的道路；④自主创业的道路。

职业生涯发展是贯穿一生的过程，生涯发展能力的培养与增进也是永不间断的，职业的发展道路更不是单一或不变的，大学生应根据主客观的现实情况确定和调整自己的职业及生涯发展道路。

总之，职业的选择不是当前利益的选择，在多元、多变的现代社会及激烈的经济竞争下，必须将职业与自我生涯的发展结合起来才能获得事业的成功、有价值的生活和丰富多彩的人生。

三、大学生职业生涯规划的步骤

职业生涯规划是一个长期且动态的过程。大学生职业生涯规划可以通过以下具体步骤来完成。

（一）评估

大学生职业生涯规划的第一个关键环节是进行正确的、客观的评估，它包括自我评估和生涯机会评估，即"知己"和"知彼"。"知己知彼，百战不殆"的战争策略在职业生涯规划中同样非常重要。

（1）**正确的自我评估。**能进行正确的自我评估是大学生探索职业倾向的基础，了解和分析的主要因素应该包括：①我喜欢做什么（主要包括职业兴趣、职业价值观等）；②我适合做什么（主要包括职业性格、气质、天赋才干、智商情商等）；③我擅长做什么（主要包括职业能力倾向，比如言语表达、逻辑推理、数字运算等）；④我能够做什么（主要包括自己掌握的专业知识、技能、工作经验等）。最后，经对以上因素的综合分析和权衡，来初步确定职业定位和发展方向。通过自我评估，大学生可以认清自身的特点，形成良好的自我意识，为整个职业生涯规划奠定基础。

（2）客观的生涯机会评估。客观的生涯机会评估是大学生对自身以外的环境及各种类型职业性质的分析和评价。宏观环境包括全球及国家的经济发展现状和趋势、国家的人事政策和改革制度、社会的稳定程度、劳动力市场的供需情况等。微观环境包括可选择的职业发展前景、具体职业或机构的待遇、职业的具体要求及能够获得的机会等。

（二）明确职业定位，确定职业目标

职业定位就是要为职业目标与自己的潜能及主客观条件谋求最佳匹配。在职业生涯规划中应该先找到合适的定位，明确自己想成为什么样的人。准确的职业定位是以上一步评估得到的信息为依据的。在明确职业定位后，还要确定短期目标、中期目标、长期目标和人生目标。短期目标要明确、切实可行、具有现实意义且比较容易实现，从而增强自信心；中期目标应切合实际、有一定的可操作性；长期目标必须慎重考虑，使之既有现实性又有前瞻性，一旦确定最好不要更改；人生目标更要慎之又慎，从长远出发。

许多职业咨询机构和心理学专家在进行职业咨询和职业规划时常常借助"5W归零思考法"，5w分别指：①Who are you？ ② What do you want？ ③What can you do？ ④What can support you？ ⑤What you can be in the end？第一个问题"你是谁"，是指对自我的认识，把自己的优点和缺点一一列出来；第二个问题"你想要什么"，是指对自己职业发展的心理倾向进行检查；第三个问题"你能干什么"，是指对自己能力与潜力进行全面总结；第四个问题"环境支持或允许你干什么"，是指对主客观因素进行深入调查，作出可行性分析。在明晰了前四个问题之后，人们就能找到实现职业目标的有利条件和不利条件。综合分析以上的问题，你就能得到自己最想实现的且可以实现的职业目标，即回答了第五个问题"你最终的职业目标是什么"。这一模式对大学生职业生涯规划的目标确定能起到指导作用。

（三）制订实现职业目标的行动方案

行动方案的制订是职业生涯规划付诸行动的重要环节。首先，应利用在校的大好时光努力学习专业知识和技能，参加各种社会实践活动，做到理论与实践相结合；其次，应了解自己的长处和不足，积极发扬自己的长处，弥补自己的不足，积极培养自己的独立性；再次，要努力调整自己的心态，当自己忧郁时要学会适当发泄，使自己的性格变得沉稳、不急躁；最后，在学习和工作中要不断培养对所选职业的兴趣，坚定自己的职业目标，并且不断充实专业知识，提升专业技能，并积极培养自己对社会的适应能力。

（四）再评估与修正

再评估是指通过实施效果的反馈信息来诊断整个职业生涯规划的科学性、实效性及针对性，及时找出存在的问题，采取相应对策，对规划进行调整与完善。影响职业生涯规划的因素诸多，主客观情况随时都可能发生变化，再加上原来掌握的信息也可能不准确，因此大学生要不断地对职业生涯规划进行评估与修订，包括职业目标的重新选择、职业的重新定位、中期和短期目标的重新调整、具体行动计划的重新制订等。

第三节
大学生职业生涯规划的心理困扰及其调适方法

一、大学生择业过程中常见的心理障碍及其表现

经过近四年的大学生活，无论在思想观念、知识储备还是能力发展方面大学生们都有了质的提升和进步，人格也日渐成熟和完善。但由于校园生活的局限性，大学生对社会的了解和对职场的认识还不够多也不够全面，在择业过程中，会不同程度地呈现出浮躁、焦虑和恐惧等心理现象。

（一）焦虑

择业心理焦虑是在择业心理压力下产生的一种不踏实感、失落感和迷惘感，为尚未来临的困难担忧不已；既不想迷失自我，又缺乏大胆前行的勇气；对未知的就职单位感到莫名其妙的威胁，以至于在择业时顾虑重重。

大学生的上述焦虑状态一般并不会对未来的职业生涯产生较大的影响，适度的焦虑可以增强人的进取心，从而使其奋发图强。但是，如果焦虑不能得到及时的缓解，那么就有可能向病态发展，表现出情绪紧张、心情紊乱、注意力不能集中、身心疲倦、头昏目眩、心悸、失眠等症状。有些大学生在屡遭挫折之后，甚至产生了恐惧心理，一提择业就紧张。焦虑过度还会使大学生失去应有的判断力，从而影响择业。

（二）自卑

对于涉世不深的大学生来说，在择业问题上极容易产生自卑心理，尤其是那些性格内向，在学校期间没有经过社会工作、社会活动锻炼的大学生，表现为对自己的能力评价过低，缺乏自信心，勇气不足，没有主见，依赖心强，在择业时不敢和不善于推销自我，以至失去了许多求职成功的机会。自卑心理实际上是自我认识出现偏差所致。自卑的人往往并不是真的能力不如别人，只是过低的自我评价抑制了其能力的发展和表现。

小王是一位来自农村的工科学生，身材矮小，性格内向。在临近毕业的一段时间，他内心常常涌起一种莫名其妙的恐惧和不安，以至上课都不能专心听讲，也无法集中精力做毕业设计。

来心理咨询室时，他主动谈起了自己的心理感受：他平时学习很用功，大学这几年学习成绩也不错，还获得过奖学金，但总觉得自己除了学习之外，别的方面都不行；他不善言辞，虽然和宿舍同学相处得还算不错，但同学们老觉得他不活跃，每次他们谈一些有趣的事时，他都插不上嘴；同学们可以通过各种途径找工作，而他来自农村，没有一点人脉，他去过几次人才市场，但由于太害怕、太紧张，结果很不理想。当问到他想找一份什么样的工作时，小王很茫然地说："我也不知道，现在找工作也不容易，只要比较稳定，收入还行就可以，我的期望也不高，但怎么就这么难呢？"小王陷入了不安与困惑。

智慧点拨

面对就业，小王存在被动等待、胆怯恐惧、焦虑不安等不良心理，致使他在就业过程中接连碰壁，受挫之后更是茫然无措。加上他本身性格内向，不善言谈，不善于展示自我、推销自我，所以在求职的问题上更是感到压力重重。面对这种情况，小王应该努力克服自身的缺点，大胆、主动地求职。小王还应注意调整心态，适当降低期望值，注意避免眼高手低、不切实际。

（三）自负

择业自负心理是指过高地估计个人的能力，把自己的职业愿望和社会需求割裂开来。一些大学生对用人单位的要求知之甚少，不清楚自己在求职市场中的真实位置，将自己的学历、知识作为资本，常常挑剔攀比，提出过分的要求，给用人单位留下很差的印象，导致无法就业。市场经济条件下所需要的人才是个人素质和能力均较高的人，学历并不是决定性因素。大学生要及早地对社会的人才需求形势有足够清醒的认识，对自己有全面、客观、公正的评价，实事求是地面对择业问题。

（四）盲目从众

大学生正处在心理逐渐完善和成熟的阶段，容易缺乏独立性，受他人影响。表现在就业上，部分大学生也有严重的依赖思想，他们一方面希望找到称心如意的工作，另一方面又不愿意到处奔波、劳心劳力，缺乏独立求职的思想观念，容易出现盲目从众的心理。

（五）嫉妒

在择业上，嫉妒心理常见的表现有：看到别人某些方面求职条件好，或找到比较理想的工作时产生羡慕，转而痛苦、不甘心，甚至为了不让别人超过自己而采取背后拆台等不良手段；对别人的成功说风凉话、讽刺挖苦、造谣中伤以发泄自己的恼怒。这种心理会使人把朋友当对头，使朋友关系恶化，还会使班级或宿舍人心涣散、人际关系冷漠，嫉妒者本人也会痛苦烦恼，甚至影响求职的顺利进行。

【素养看点】　　　　　　　　　　**懂得欣赏自己**

《庄子·大宗师》中有这样一则故事。子舆天生有很多身体上的缺陷，如驼背、耸肩、脖子朝天。朋友问子舆："你讨厌自己的样子吗？"子舆回答说："不！我为什么要讨厌自己呢？假如上天使我的左臂变成了一只鸡，我就用它在凌晨来报晓；假如上天使我的右臂变成弹弓，我就用它去打斑鸠来烤了吃；假如上天使我的尾椎变成车轮，精神变成了马，我便乘着它遨游世界。上天赋予我的一切，我都可以充分使用，为什么要讨厌呢？"

子舆无疑是懂得欣赏自己的，而且是那么全然、喜悦地接受自己，不自暴自弃，并能充分发挥自己独特的潜能，化劣势为优势。懂得欣赏自己，不但要学会正视自身的弱点，还要善于挖掘自身的优势。"天生我材必有用"，身处逆境时，要对自身做客观的评价，找准人生坐标，在逆境中积蓄力量，等待时机促成"质"的飞跃，实现社会价值和生存价值。

二、大学生择业心理的调适

大学生在求职择业中，不可避免地会遇到困难、挫折，进而造成一定的**心理困扰**，关键是让大学生懂得如何去调适自己的心态，以减轻或消除心理障碍，用健康的心态去求职择业。

1. 调整认知偏差，客观地认识社会和评价自己

大学生应该全面、恰当地认识和了解自己的价值目标、适应能力、知识结构、个性特征等，在实事求是地肯定自己的长处的同时，善待自己的不足，通过努力逐步改善不足。以社会需求为标准来衡量自己，把个人客观性与社会客观性统一起来，注重个人服从社会。认真分析用人单位的录用条件，看看自己是否符合，不能把就业理想建立在不切实际的幻想之上。

2. 学会自我欣赏与自我接纳，提高承受挫折的能力

在求职择业过程中，遇到挫折是在所难免的。大学生要正确对待挫折和失败，要学会自我欣赏与自我接纳，对自己的能力持认可、肯定的态度，敢于竞争、不怕失败。大学生求职失败时，可运用理性情绪法宽慰自己，用"失败是成功之母""天生我材必有用"等名言鼓励自己，减轻或消除所受的创伤；也可通过列举别人失败的事实，告诉自己失败是不可避免的，从而提高自己承受挫折的能力。

3. 克服从众心理，培养决策能力，避免盲目竞争

从众心理在择业中表现为缺乏主见和竞争意识，择业观为他人所左右、为舆论所左右，不顾主观条件和客观现实，随波逐流、人云亦云。大学生在择业时不可盲从，更不能以别人的选择为自己的最佳选择，而应综合各方面因素，培养果断的抉择能力。大学生在择业时一定要充分思考，选择有利于充分发挥自己优势的方面去参与竞争。同时要有所侧重，即在竞争中把主要精力放在对自己有较大意义的方面。

【心理测试】

霍兰德职业爱好问卷

仔细阅读下面六种类型特性的表述，并在每一项特性前用铅笔标好记号。凡是看起来很像自己的画个"+"，完全不像的画个"－"，其他的留空白。

现实型

□喜好户外、机械及体育类的活动及职业。

□喜欢从事和具体事物有关的工作，而不喜欢从事和理念、资料有关的工作。

□具有优良的机械操作能力和运动能力。

□喜欢建筑、塑造、重新建构和修理东西。

□喜欢使用设备和机器。

□喜欢看到有形的结果。

□是个有毅力、勤勉的人。

□缺乏创造力和原创性。

□较喜欢用熟悉的方法做事并建立固定模式。

□以绝对的观点思考。

□不喜欢模棱两可。

□较不喜欢处理抽象、理论和哲学的议题。

□是个唯物、传统和保守的人。

□没有很好的人际关系和沟通技巧。

□当焦点汇聚在自己身上时会很不自在。

□很难表达自己的情感。

□别人认为自己很害羞。

研究型

□天生好奇且好问。

□必须了解、解释及预测身边发生的事。

□具有科学精神。

□对于非科学、过度简化或超自然的解释持怀疑、批判的态度。

□对于正在做的事能全神贯注、心无旁骛。

□独立自主且喜欢单枪匹马做事。

□不喜欢管人，也不喜欢被人管。

□以理论和解析的观点看事情，且勇于解决抽象、含糊的问题、状况。

□具有创造力和原创性。

□常难以接受传统的态度及价值观。

□逃避受到外在规定束缚的高结构化情境。

□处事按部就班，精确且有条理。

□对于自己的智力很有信心。

□在社交场合常觉得困窘。

□缺乏领导能力和说服技巧。

□在人际关系方面表现出拘谨与形式化。

□通常不作情感的表达。

□可能让人觉得不太友善。

艺术型

□是个有创造力、善表达、有原则、天真且有个性的人。

□喜欢与众不同，并努力成为卓越出众的人。

□喜欢以文字、音乐、媒体和身体（如表演和舞蹈）创造新事物来表达自己的人格。

□希望得到众人的目光和赞赏，对于批评很敏感。

□在衣着、言行举止上倾向于无拘无束、不循传统。

□喜欢在无人监督的情况下工作。

□处事较冲动。

□非常重视美及审美的品位。

□较情绪化且心思复杂。

□喜欢抽象的工作及非结构化的情境。

□在高度秩序化和系统化的情境中很难表现出色。

□寻求别人的接纳和赞美。

□觉得亲密的人际关系有压力而避免之。

□主要通过艺术表达来间接与别人交流以弥补疏离感。

□常自我省思。

社会型

☐是个友善、热心、外向、善于与人合作的人。

☐喜欢与人为伍。

☐能了解及洞察别人的情感和问题。

☐喜欢扮演帮助别人的角色，如教师、顾问和咨询者。

☐善于表达自己并在人群中具有说服力。

☐喜欢当焦点人物并乐于处在团体的中心位置。

☐对于生活及与人相处都很敏感、理想化和谨慎。

☐喜欢处理哲学问题，如人生、宗教及道德的本质和目的。

☐不喜欢从事与机器或资料有关的工作，或是结构严密、反复不变的任务。

☐和别人相处融洽，并能自然地表达情感。

☐待人处世很圆滑，让人认为自己很仁慈、乐于助人和贴心。

企业型

☐外向、自信、有说服力、乐观。

☐喜欢组织、领导、管理及控制团体活动以达到个人或组织的目标。

☐胸怀雄心壮志且喜欢承担责任。

☐相当重视地位、权力、金钱及物质财产。

☐喜欢控制局面。

☐在发起和监督活动时充满活力和热忱。

☐喜欢影响别人。

☐爱好冒险、有冲动、行事武断且言语具有说服力。

☐乐于参与社交圈，喜欢与有名、有影响力的人往来。

☐喜欢旅行和探险，并常有新奇、昂贵的嗜好。

☐自认为很受欢迎。

☐不喜欢需要科学能力的活动及系统化、理论化的思考。

☐避免从事需要注意细节及千篇一律的活动。

常规型

☐是个一板一眼、固执、脚踏实地的人。

☐喜欢做抄写、计算等遵循固定程序的活动。

□是个可信赖、有效率、尽责的人。

□希望拥有隶属于团体和组织的安全感，且做个好成员。

□具有身份地位的意识，但通常不渴望居于高层领导地位。

□知道自己该做什么事时，会感到很自在。

□倾向于保守和遵循传统。

□遵从别人的标准及所认同的权威人士的领导。

□喜欢在令人愉快的室内环境中工作。

□重视物质享受和财物。

□有自制力并有节制地表达自己的情感。

□避免紧张的人际关系，喜欢随性的人际关系。

□在熟识的人群中才会自在。

□喜欢有计划地行事，较不喜欢打破惯例。

【评分标准及说明】

根据"+"号和"−"号及各类型的一般描述，选出一种最像自己的类型。虽然可能没有一种可以完全准确地描述你，但总有一种比其他类型看起来更适合你，最后从高到低排出适合你的六种类型，思考一下什么职业最适合你。同学之间也可以互相比较测试结果，看看差异。

【活动设计】

人生畅想：多年后的自我

想象一下自己10年或者20年后的人生。完成下表。

我的人生目标

对我来说，人生最重要的三个方面是：1._____ 2._____ 3._____

我和_____住在_____地区（国家/城市）的_____，房子面积：_____；

我的身体情况：_____，婚姻状态：_____，家庭成员有_____；

每天的日常生活：

早上：_____

中午：_____

下午：_____

我的工作状态：（固定工时的工作还是工作时间灵活的工作）

如果是在组织工作，工作机构：_____；

职位：_____；

工作内容：_____；

关于我的人生，我最自豪的是_____；

10年/20年后的自己，拥有的财富：_____；年收入：_____ 月收入：_____

我需要做的准备

从现在开始，我需要为实现目标做多方面的准备。对于每项内容，仔细评估现实和未来理想之间的距离，提出"路线图"。

能力：_____

知识：_____

技能：_____

人脉：_____

金钱：_____

本章推荐资源

第六章　大学生情绪管理

　　一位父亲在公司受到了老板的批评，回到家就把沙发上跳来跳去的孩子臭骂了一顿。孩子心里窝火，看到身边打滚的猫就狠狠踹了一脚。猫逃到街上，正好一辆卡车行驶过来，司机为了避让猫咪，结果把路边的孩子撞伤了。

　　这就是心理学上著名的"踢猫效应"，也叫踢猫理论、情绪传递效应、坏情绪连锁传染效应，描绘了一种典型的坏情绪传播链——对弱于自己或等级低于自己的对象发泄不满情绪而产生的连锁反应。人的负面情绪，一般会沿着社会关系链条依次传递，由地位高的传向地位低的，由强者传向弱者。最终，无处发泄的最弱小者便成了牺牲品。

【学习目标】

① 了解情绪的分类；
② 理解大学生消极情绪产生的原因；
③ 掌握大学生情绪困扰的解决办法；
④ 掌握大学生健康情绪的培养途径。

【本章重点】

情绪管理　情绪理论　大学生情绪特点　大学生常见不良情绪及其调适

一、情绪的概念

快乐、兴奋、悲伤、焦虑……在日常生活中，情绪时时处处伴随着我们，但却很难给情绪下一个比较完整的定义。美国心理学家利珀把情绪定义为：情绪是一种具有动机和知觉的积极力量，它组织、维持和指导行为。美国心理学家丹尼尔·戈尔曼认为：情绪指情感及其独特的思想、心理和生理状态，以及一系列行动的倾向。

情绪是伴随着认识过程而产生的。它产生于认识和活动的过程中，并影响着认识和活动的进行。但不同于认识过程，情绪是人对客观事物与人的需要之间的关系的反映。根据外界事物是否符合主观的需要，人对待事物就会有一定的态度，如果采取肯定的态度，就会产生满意、愉快的内心体验，也就是积极的情绪；如果采取否定的态度，就会产生痛苦、忧愁、愤怒、恐惧的内心体验，也就是消极的情绪。简单来说，情绪是一个复杂的心理过程，是人对客观事物的态度体验及相应的反应，它是基于人的需要而产生的。一般来讲，情绪是由主观体验、生理唤醒和外在行为几个方面组成的反应过程。

（1）情绪是一种主观体验。情绪的主观体验是大脑的一种感受状态，是心理活动中一种带有独特色彩的知觉或意识。一般所谓"情绪感受"即指情绪的主观体验，这种主观性表现在我们对于同样的事物，在不同时间、地点和条件下，感受可能是不同的；不同的人对相同时间、地点和条件下的同样事物，感受可能也是不同的。

（2）任何一种情绪都伴随着一定程度的生理唤醒。当我们产生某种情绪体验时，生理上也会发生相应的变化。例如，当我们害怕时，会心跳加速、呼吸加快、四肢发抖、肌肉紧张等。

（3）情绪总是或隐或现地表现于外在行为。情绪总是伴随着相应的面部表情、身体姿势、声态表情。例如，当自己支持的球队获胜时，会不由自主地喜笑颜开；当遇到困难和挫折时，会愁容满面。一个人悲伤时，语调低沉、言语缓慢、语言断断续续；而当人兴奋时则会语调高昂、语速加快，声音抑扬顿挫、清晰有力。

主观体验、生理唤醒和外在行为作为情绪的三个组成部分，在评定情绪时缺一不可，只有三者同时活动，同时存在，才能构成一个完整的情绪体验过程。例如，当一个人佯装愤怒时，他只有愤怒的外在行为，却没有真正的内在主观体验和生理唤醒，因而也就称不上有真正的情绪过程。

二、情绪的分类

作为对客观事物的一种反映形式，人类的情绪由于客观事物的绚丽多彩，也具有丰富多样性。为了便于理解和把握，根据情绪的性质、状态及包含的社会内容，可以做出以下不同的分类。

（一）根据情绪体验的分类：七情说

俗话说"人有七情六欲"，其中的"七情"就是对人类情绪的分类。

《中庸》将情绪分为喜、怒、哀、乐四类；《黄帝内经·素问》将情绪分为喜、怒、悲、忧、恐五类；《吕氏春秋》将情绪分为喜、怒、忧、恐、哀五类；《左传》将情绪分为好、恶、喜、怒、哀、乐六类；《礼记·礼运》将情绪分为喜、怒、哀、惧、爱、恶、欲七类，并且提出"七者，弗学而能"的观点，由此提出七情说，这一情绪的分类也被大多数人接受。

（二）根据情绪状态的分类

根据情绪的强度、产生的速度及持续的时间，即根据情绪的状态，可以将情绪划分为心境、激情、应激三种。

1. 心境

心境是一种比较微弱但能持久地影响人整个精神活动的情绪状态，具有弥散性的特点。某种心境一旦产生，就会影响到人们的生活和工作，使人们的言行、思想等均带上这种情绪的色彩。例如，当一个人心情舒畅时，做什么都会乐观积极；而当一个人郁郁寡欢时，对许多事都会感到没有兴趣。"忧者见之而忧，喜者见之而喜"就是心境的表现。

心境分为暂时心境和主导心境两种。暂时心境是由当前的情绪产生的心境，例如。人们在欣赏艺术表演时会产生愉快的心境，当演出结束后，这种心境还会持续一段时间，但不会很长。随着其他情境和事物的出现，这种心境就会逐渐消失。主导心境是由一个人以往的生活经验造成的独特的、稳定的心境。主导心境决定着一个人的基本情绪面貌。

2. 激情

激情是一种猛烈的、迅速爆发且短暂的情绪体验。例如狂喜、恐惧、绝望等都属于这种情绪体验状态。激情是由对人具有重大意义的强烈刺激所引起的，这种刺激的出现往往出人意料。激情发生时伴有内部器官的强烈变化和明显的表情动作。

3. 应激

应激是指出乎意料的危险情景，如火灾、爆炸、地震等突然发生时，人所表现出来的情绪高度紧张的状态。在应激状态下，人的心率、血压、呼吸和肌肉紧张度等会发生显著的变化，从而提高身体的应变能力。在应激状态下，人们往往能做出平时难以做到的事，使自己尽快转危为安。但是有时人在应激状态下，也会导致知觉狭窄、行动刻板、注意力被局限。过于强烈的应激情绪会导致人暂时性休克甚至死亡，也会导致心理产生创伤。一个人长期或频繁地处于应激状态，可能会导致身心产生疾病。一个人在出乎意料的事故面前，究竟会出现哪种反应，取决于个人的心理品质，如思维灵活性、判断准确性、反应敏捷性，以及是否沉着、果断、勇敢等。

（三）根据情绪状态的发展阶段

根据情绪的发展，情绪可分为基本情绪和社会情绪两种。

1. 基本情绪

又称原始情绪，是指与人的生理需要相联系的情绪。人的基本情绪在幼年时期就已经形成，更带有先天遗传的因素。现代心理学将快乐、愤怒、恐惧、悲哀看作人的基本情绪。这四种情绪在体验上是单纯的，在此基础上可以派生出众多的复杂情绪，如悔恨、羞耻等，这些情绪就包含着不快乐、痛苦、怨恨等多种元素，是复杂的情绪体验。

2. 社会情绪

社会情绪是与社会需要相联系的情绪，表现为一种较为复杂而又稳定的态度体验。例如，人的善恶感、责任感、荣誉感、美感、幸福感等，都是社会情绪。社会情绪是在基本情绪的基础上随着人的成长而逐步发展起来的，同时又通过基本情绪表现出来。

【扩展阅读】

给人幸福的十种积极情绪

1. **爱**。一切情绪中最有威力的便是爱。只要你有足够的爱心，你就可以成为全世界最有影响力的人。

2. **感恩**。如果常心存感恩，人生就会变得快乐。

3. **好奇心**。如果希望人生能不断成长，就需要有像孩童般的好奇心。

4. **热情**。振奋与热情能将困难化为机会。热情有伟大的力量，能让我们的生活变得多姿多彩。

5. **毅力**。毅力决定我们在面对困难、失败、诱惑时的态度，是被打倒还是屹立不动。

6. **弹性**。做人做事都要可张可弛，给自己留有余地。

7. **信心**。许多成大事、立大志的人，成功的根本原因就在于拥有信心。

8. **乐观**。包括脸上的笑容和内在的乐观心态。

9. **活力**。维持身体足够的精力。注意休息，大部分人需要每天睡足6～8小时。

10. **服务**。生活幸福的秘诀就在于给予。一个能够不断地独善其身并兼善天下的人，必然是因他明白人生的意义，那种精神不是金钱、名誉、夸奖所能比的。拥有服务精神的人生观是无价的。如果人人都能效法，这个世界定然会比今天更美好。

想别人不敢想的，你已经成功了一半；做别人不敢做的，你就会成功另一半。

三、情绪的产生机制及功能

（一）情绪的产生机制

1. 情绪与情境

情境是人的情绪产生的触发点，也就是说人的情绪的产生一定有相应的情境。例如，当人取得某方面的成功时会随之产生愉快的心情；反之，学习的压力、生活中的挫折等会使人感到烦躁和抑郁。此外，人自身生理和心理的反应也同样会引起情绪的变化。例如，人在青春期阶段，由身体的急剧变化所引起的内分泌失调会造成情绪的躁动。

2. 情绪与需要

客体本身并不直接决定一个人的情绪，而是有其主观上的中介。情绪是对主客观之间的某种关系的反应，个体的需要便是其中的一个重要中介。客体与需要既决定情绪种类，又决定情绪强度。例如，当得到他人称赞时会产生荣誉感和喜悦感，因为这满足了自己维护自尊和取得成就的需要；当受到他人的冷落时会产生失落感和孤独感，因为自己被接纳的需要没有得到满足。

3. 情绪与认知

认知是情绪产生的关键因素。例如，受到挫折时，缺乏辩证观念的人通常只能看到失败的一面，从而产生悲观情绪；而具有辩证观念的人，则会从"失败是成功之母"的角度认识挫折，从而避免消极情绪。因此，从某种意义上说，认知可以决定人的情绪。

（二）情绪的功能

每一种情绪都有其功能，即使像生气、痛苦等负面情绪也有重要作用。

1. 自我保护

情绪是个体生存和发展的一种重要方式，从某种程度上说，情绪能起到自我保护的作用。例如，当人处于危险境地时，恐惧的情绪反应能促使人更快地脱离险境；当人在学习或工作中承担的负荷超出了自身的承受能力时，疲惫的情绪状态会使人不得不放弃一些工作，从而获得休息；在面对侵害时，愤怒的情绪会促使人奋起反抗，进行自我保护。

2. 信息传递

人与人之间的交往是通过信息传递实现的，情绪在人际交往中起着十分重要的调节作用，具有信息传递的功能。例如，在人与人的交往过程中，一个眼神、一个动作都能传达出特有的情绪。情绪还可以相互影响和传播，当一个人兴高采烈时，他的情绪会感染周围的人，让周围的人也感觉到快乐。

3. 组织调节

情绪是一个自发的心理过程，对其他心理活动具有组织调节的功能，具体表现为积极情绪的协调作用和消极情绪的潜在破坏作用。当人们处于积极、乐观的情绪状态时，往往容易注意到事物美好的一面，行为比较开放，愿意接纳外界的事物；当人们处于消极的情绪状态时，则容易放弃自己的愿望，甚至产生攻击行为。

4. 激发心理动机

情绪是动机的源泉之一，是动机系统的重要成分，它能够提高人的活动效率。研究表明，适度的兴奋可以使人身心处于最佳状态，从而推动人们有效地完成学习或工作；适度的焦虑和紧张能够促使人们积极地思考和解决问题；但是消极或过度的情绪会对人产生负面影响。同时，情绪也可以成为人们行动的内驱力，促使人们全力以赴地克服困难，朝着预定的目标努力。情绪也可以成为意志的动力，如对祖国的热爱能激励人们为社会无私奉献。

第二节
大学生常见的情绪问题与调适方法

大学生处在精力充沛、世界观与人生观还不成熟的青年期，他们的情绪波动较大，来自社会、家庭、学校等方面的压力，使他们常常产生多种情绪困扰与情绪障碍。把握大学生的情绪特点，了解他们的情绪困扰，能帮助他们学会调控情绪的方法和技巧。

一、大学生的情绪特点

前面我们阐述了情绪的基本特征，是人类情绪的共性，具有普遍的性质。大学生处在一个特定的年龄段和发展期，其情绪又有其他独特性，表现为以下五点。

（一）丰富性与复杂性

伴随自我意识的不断发展和各种需要及兴趣的扩展，大学生的情绪体验更加丰富、敏感、细腻和深刻，并带有更多社会内容的情感体验。另外，大学生生理基本成熟而心理尚未完全成熟，处于心理断乳期，易受到外界的干扰，因此大学生常常会呈现出矛盾和复杂的情绪状态。例如，他们既有儿童期残留下的天真与幼稚，又有成年期的深思熟虑。

（二）波动性与两极性

大学时期是人生面临多种选择的时期，社会、家庭、学校等因素都会对大学生的情绪产生重大影响。大学生虽然认识水平有了一定的提高，对自己的情绪也有了一定的控制能力，情绪亦趋于稳定，但同成年人相比，大学生相对敏感，情绪带有明显的波动性，诸如人际关系的变化、学习成绩的好坏都可能引起大学生情绪的变化，都有可能使大学生的情绪骤然变化。并且大学生的情绪起伏较大，带有明显的两极化特征，从而使情绪时而高涨，时而低落，从一个极端转向另一个极端。

（三）外显性与内隐性

大学生的喜、怒、哀、乐常形于色，情绪比起成年人较为外露和直接。但由于自制力的逐渐增强，以及思维的独立性和自尊心的发展，大学生情绪的外在表现和内心体验并不总是一致的，在某些场合和特定问题上，有些大学生会隐藏或抑制自己的真实情感，有时会表现出内隐、含蓄的特点。另外，随着社会化的逐渐完成与心理逐渐成熟，大学生也开始能够根据特定条件、规范或目标来表达自己的情绪。

（四）冲动性与爆发性

由于知识水平和认知能力的提高，大学生在多数情况下能理智地分析问题和思考问题，对自己的情绪能够有所控制。但大学生群体兴趣广泛，对外界事物较为敏感，加之年轻气盛和从众心理，情绪易被激发。同样的刺激情境，对成年人来说，可能不会引起明显的情绪反应，但却能引起大学生较强的情绪体验。例如，在大学校园中的打架、斗殴事件往往是因为大学生对一些小事的处理不够冷静，进而发展到激怒。

二、大学生常见的情绪问题与调适方法

大学生对自己情绪的控制能力尚未成熟，同时又要面对纷繁复杂的社会，解决理想与现实的冲突，还要处理好学习、生活、工作、交友之间的关系，承受升学或就业的压力，情绪情感上的困扰和障碍时有发生。一般认为，适度的、情境性的负面情绪反应是正常的、无害的；但持久的情绪困扰与烦恼，陷于不良情绪中不能自拔，甚至出现心理障碍，如抑郁症、焦虑症、恐怖症等，这些病态心理则会严重阻碍学习和生活，需要及时、有效地调节。

【案例讨论】

李某，男，20岁，大学二年级学生。来到学院心理健康指导中心求助，自诉："最近一段时间，不知什么原因，我情绪一直处于低落和波动状态，而且我无法很好地控制自己的情绪。原来情绪不好的时候，一两天就过去了，可这次已经持续两周多了。我心里觉得特别难受，郁闷、心慌、烦躁，还伴有失眠、食欲减退等，做什么事都提不起劲，并觉得生活挺没意思的。我几乎每天早上从宿舍出来，到晚上熄灯的时候才回去，我不愿意见到宿舍的同学。他们经常在宿舍里聊天、上网、看电影、打牌，还招来很多同学。我太厌烦了。虽然每天我都在学习，可学习效率很低，上课总是走神，注意力不能集中，整天胡思乱想。我想每天快乐地生活，高效率地投入学习，但我做不到。我不知道自己到底怎么了。"

智慧点拨

李某的情况集中呈现了大学生情绪调节困境的典型特征，其表现已超出正常的情绪波动范畴，需引起高度重视。根据描述，李某持续两周以上的心境低落、兴趣丧失、睡眠障碍、注意力涣散等症状，已符合抑郁状态的临床指征，需要进行及时有效的调节。

（一）焦虑

焦虑是预感到某种不祥的事情或不良的后果将要发生而又无能为力时，所产生的一种模糊的、紧张不安的情绪体验，是一种非特定的、不知所以然的提心吊胆与紧张不安的情绪状态，它常常与焦急、忧虑、恐惧等感受交织，成为一种复合性的负性情绪。

1.大学生常见的焦虑形式

① 考试焦虑；②社交焦虑；③择业焦虑。

2.焦虑的调适方法

焦虑是心理压力最直接的表现之一，是每一个人都试图去避免的情绪。因此，人们总是不喜欢面对焦虑情绪，倾向于逃避现实。然而，这样对解决焦虑毫无益处。要面对现实，认识焦虑的表现，寻找焦虑的来源。可经常给自己开个清单，把每个可能引起焦虑的潜在因素都记录下来，然后逐个进行审查、分析。这样不但可以预防焦虑的产生，而且可以阻止焦虑的扩散。

【小贴士】认识焦虑症

"焦虑症"是指以持续性紧张或发作性惊恐为特征的一种心理障碍，临床上有急性焦虑和慢性焦虑之分。急性焦虑也称惊恐发作，表现为不明原因的突然出现的惊恐、恐惧和紧张不安。常伴有大祸临头感、失去控制感、窒息感和濒死感，并出现剧烈的心跳、胸闷、呼吸急促、咽部受阻、站立不稳等症状。每次发作持续时间长短不一，短者数分钟，长者不超过一小时，但一般为15分钟至20分钟。由于发作时有剧烈的心跳和呼吸急促，患者往往去心脏科就诊，但大部分患者心脏检查除窦性心动过速外，其他均为正常。慢性焦虑也称广泛性焦虑症，常与生活紧张、工作重压、事业受挫、人际关系不良等心理因素有关，常出现心跳、胸闷、气促、头昏、疲乏、震颤，以及睡眠障碍等症状。这种病人常常就诊于内科门诊，但往往查不出器质性病变。

（二）抑郁

抑郁是一种持续时间较长的低落、消沉的情绪体验，是在持续的精神刺激因素的作用下产生的以情绪低沉为特点的情绪体验，常伴有压抑、沮丧、焦虑、自责、自罪、失眠和食欲不振等症状。抑郁也是大学生常见的情绪困扰。

1.抑郁情绪的表现

① 睡眠不良；②对身体的主观体验不良；③食欲不振；④丧失正常的自尊心和自信心。

2.抑郁情绪的调适方法

① 培养积极的心态，对于自己的缺点，要不断克服；对不可改变的现实，如家庭、相貌等，应坦然接受，尽量在其他方面加以补偿；始终用积极的思考、乐观的态度、丰富的经验与辉煌的未来支配着自己的人生。②寻求人际支持，向关心你的人诉说烦恼。大学生应增强交往的主动性，改变孤僻、退缩的行为方式。多关心与帮助他人，多参加文体活动，获得集体的归属感、安全感和力量。③积极开展体育活动。

（三）愤怒

从心理上说，愤怒的爆发往往是由于外界的刺激在大脑皮层中引起强烈的兴奋灶，造成"意识狭隘现象"，于是怒气就随之而来。

1. 易怒者的特点

① 一发火就骂人、砸东西，甚至打人；②情绪反应十分简单，缺乏幽默感，不会开玩笑，对于满意的事沉默不语，对不满的事常会通过吵架、发脾气等方式解决；③面对生活中的挫折，心理防御的方式只有一种，就是发泄；④对很小的事也沉不住气；⑤脾气一点就着，什么事都干得出来，当时不能自控，事后又特别后悔；⑥听不进任何人的劝说，尤其在情绪激动的时候。

2. 愤怒情绪的调适方法

① 自我暗示。当你在动怒时，让理智先行一步，可以自我暗示"别生气，这不值得发火"。②目标转移。当愤怒陡出时，迅速离开使你发怒的场合，最好再能和谈得来的朋友一起听听音乐、散散步，让自己平静下来。③着眼未来。要培养远大的生活目标，改变以眼前区区小事计较得失的习惯，更多地从大局、从长远去考虑。

（四）冷漠

冷漠是个体遭遇挫折后产生的消极心理反应，多出现在个体难以承受压力、反抗行为无效且无法改变现状时。当个体长期处于相同困境且无法突破，尤其在持续付出未获应有回报时，常通过退缩、逃避与冷漠等方式构建心理防御机制。

1. 冷漠情绪的表现

受此情绪影响，大学生易表现出情感钝化现象，表现为学业敷衍、兴趣缺失、集体疏离及持续萎靡状态，对周遭事物呈现全面淡漠倾向。日本心理学家松原达哉形容冷漠精神状态的学生为"无欲求、无关注、无动力"的"三无"学生。冷漠状态对大学生健康构成深层威胁，其实质是压抑心理能量的危险信号。这类群体在表面冷漠的背后，往往潜藏着剧烈的心理冲突——包括孤独感、挫折感与未宣泄的愤怒。长期积压的心理能量若得不到合理释放，将破坏心理稳态，诱发多种身心疾病与适应障碍。

2. 冷漠情绪的调适方法

消除冷漠情绪需构建双重应对机制：一方面通过目标管理培养主体责任感，另一方面借助社会联结重建积极参与的生活模式，使个体逐步恢复心理动力。

（五）恐惧

恐惧心理也是当代大学生常见的一种情绪障碍，它表现为个体对某一特定事物或情境产生超乎寻常的强烈害怕或紧张不安的内心体验，并出现回避反应。面对危险而无能为力时，产生恐惧感是正常的心理反应。这里所说的恐惧是带有病理性特点的恐惧，即对常人不害怕的事物感到恐惧或恐惧持续的时间和强度远远超过了正常范围。这种恐惧带有强迫的特点，明知是不必要、不可怕的事物，但无法克服，难以抑制。

1. 社交恐惧的表现

大学生最常见的恐惧情绪主要表现为社交恐惧。这是一种青年学生在人际交往中，特别是与异性交往过程中产生的紧张、畏惧的情绪反应。主要症状是在别人面前脸红、心慌、胸闷、语无伦次、手足无措，严重者害怕见人，自我封闭。

2. 社交恐惧的调适方法

导致社交恐惧的原因较为复杂，一般认为与以往的生活经历有关，大脑内存在某种不适应的条件反射行为。对于社交恐惧可以使用的调适方法有系统脱敏法、暴露疗法、认知领悟法等，可在医生或专业人员的指导下循序治疗。

【案例讨论】

小黄是一名大二男生，十分害怕和人打交道，即使打个招呼，心也突突直跳。他总担心别人发现自己的怯懦，担心被人看不起，所以就干脆"扮演"冷漠的隐士，不与人交谈，不与人合作，不参加娱乐活动，甚至从不看别人的脸。上课他坐在最后一排的角落，课后一个人待在宿舍，甚至很少同宿舍的人讲话。上大学两年了，他连自己班里的人还认不全。因为他的冷漠，大家也不喜欢他，也从不与他交往。就这样，他与人倒也相安无事。可是重大的挫折终于发生了，班里搞演讲训练，每个同学都必须上台讲两分钟，他十分痛苦地躲在最后，但还是被同学们推上了台。大伙让他抬起头来，他只好强忍着心悸瞟了一眼台下，他从未见到这么多眼睛望着自己，当时便脑袋一片空白，连一句完整的话都说不出来。

智慧点拨

小黄可以说是一名严重的社交恐惧症患者。在他成长的过程中，他的父亲酗酒，而且每次喝醉酒后都对他施以毒打。母亲很懦弱，只劝他忍耐。在父亲的暴力和母亲的懦弱影响下，他从小就形成了退缩的性格。因为这种性格，他常被人欺负和嘲笑，为了避免他人的欺负，避免体验自卑、痛苦，他从小就不愿与人交往，并自我满足地认为别人是庸俗大众，而自己是与众不同的。其实，他是通过这种幻想来满足自己被欺辱的心灵，以此来抵御心灵的痛苦体验，是典型的"阿Q精神"。

外表的孤独和强烈自尊仅仅是他掩饰内心的假象，真实的他自卑而懦弱，胆怯而退缩，显得十分无助和无奈。高中时期的一段经历更是加重了他这种病态。出于互补的需求和对交往能力的羡慕，他暗恋上了班里一位十分活泼的女孩子。开始，他不敢有所表示，但随着班里许多同学都已成双成对，他终于忍不住写了一封热情的信。但女孩拒绝了他，信件也被人随意地传阅和宣读了。本来就十分胆怯的他遭到了突如其来的嘲讽和排斥。从那以后，他变得疑神疑鬼，同学们一笑，就觉得在笑他；别人一看他，就以为那人要来骂他。渐渐地，他变得不敢与人说话，不敢看人，一接近别人就心悸、出汗、发抖。

分析你的情绪

回想你曾经对某一人或某一件事情绪爆发的一次经历，可能是一次争论，或者是他（她）说的话让你很生气等。

首先，是要分析所发生的事情，考虑一下他（她）对你说了些什么以及是怎样对你说的。

· 确认那个人的情绪（他的体态语言显示了什么）。

· 注意所描述的事实（他实际上说了什么）。

· 确认那个人的需要（注意：事实与需要可能会不相同，需要有时候不直接表现出来，要考虑他的体态语言）。

· 你做出了什么反应？你希望做出什么反应？

另外，你自己的情绪体验可以作为了解情绪的信息源。对每次体验，尽量回答以下问题，这样你就可以掌握自己的情绪特点。

· 引起我愤怒的具体事情是什么？最激怒我的是什么？

· 我愤怒的根源是别人吗？是我自己吗？是一件东西或事情吗？

· 对这次事情我怎样解释？还有我没有考虑到的其他原因吗？在事情发生之后，哪些话让我更为愤怒？

· 有什么身体上的感觉伴随愤怒的体验？

· 我做出了什么行为反应？我的反应是口头攻击吗？

通过分析情绪，可以使情绪得到缓和，压力得到缓解，用这种方式分析一系列事件会显露出你的愤怒形式，并且可以使你对自己形成比较理性的认识。

第三节
大学生情绪的有效管理

情绪对一个人的心理成长和发展有着重要的影响。良好的情绪可以促进身心健康，情绪失调则会破坏身心健康。学会管理自己的情绪，促进情绪健康发展，是大学生成长过程中的一个相当重要的课题，也是大学生心理健康教育的重要任务。

一、情绪管理的含义

情绪管理是个体管理和改变自己或他人情绪的过程，在这个过程中，通过一定的策略和机制，使情绪在生理活动、主观体验、表情行为等方面发生一定的变化。也就是说，情绪固然有正面的和负面的，但关键不在于情绪本身，而在于情绪的表达方式。情绪管理不是要压制或消除情绪，而是在觉察情绪后，以适当的方式在适当的情境中表达适当的情绪。

有效的情绪管理就是善于掌握自我，善于调节情绪，能适当地排解生活中的矛盾和事件引起的情绪反应，能以乐观的态度、幽默的情趣及时地缓解紧张的心理状态。如果人们能够进行有效的情绪管理，就能时刻体会到积极的情绪带来的生理和心理上的变化，从而不断提高自己的身心健康水平。

二、大学生有效管理情绪的方法

（一）认识自己的情绪

情绪管理的第一步就是要认识自己的情绪，不仅要从观察者的角度体会情绪引起的内在心理感受和外在生理表现，也要冷静地分析产生情绪的内外原因。我们要知道，真正决定我们情绪的不是客观事物本身，而是个人对事物的看法。个体要更好地认识自己的情绪，就要了解自己的个性特质、情绪年龄，分析自身成长经历及早期经验，测试自己的情绪状态。

1. 了解自己的个性特征

人的情绪特点往往与其个性密切相关。了解自己的个性有助于更好地认识和把握自己的情绪特点。例如，不同个性的人情绪表现也不尽相同，急性子和慢性子面对同一件事，态度也会不一样。

2. 分析自身成长经历及早期经验

心理学研究表明，人的情绪特点往往与他们的成长经历和早期经验有关。例如，人在婴儿期乃至幼年期遭受的情感伤害可能会一直延续到成年后，长久地产生不良影响。一般而言，有比较平和的生活环境和积极的生活经历的人，要比经历过挫折、创伤的人在情绪上更趋于稳定和积极。

3. 测试自己的情绪状态

除了上述的自我分析外，心理测验也是了解自己情绪状态的重要方式。大学生可寻求学校心理咨询室的帮助，通过专业的心理测量工具来评估自己的情绪状态。

（二）排解消极情绪的方法

1. 认知调节，改变观念

美国心理学家阿尔伯特·埃利斯（Albert Event）于20世纪50年代提出"情绪ABC"理论，他认为影响我们的情绪反应和行为表现的并非事件本身，而是我们对此事的解释，如果能改变不合理的思想、观念和评价，就能改变情绪和行为，其中A是缘起事件（activating），B是信念（belief），C是情绪与行为的结果（emotional and behavioral consequence）。以自卑情绪为例，心理学家阿德勒（Alfred Adler）认为，每个人或多或少都有自卑的心理，人们希望改变现状，追求卓越，这恰恰是人类进步的动力。阿德勒认为，一个人在某方面的不足，往往会通过个人努力在其他方面取得成就，正所谓"失之东隅，收之桑榆"。因此，改变你对事情的看法，就可以改变你对整个事情的解释和感觉。

心理学家埃利斯的理性情绪疗法

　　美国心理学家埃利斯提出了理性情绪疗法，其核心是改变非理性的、不合理的信念，建立正确的信念。非理性信念的特点是绝对化、过分概括化。埃利斯认为，非理性信念主要包括以下11条。

　　① 在自己的生活环境中，每个人都应该得到对自己很重要的人的喜爱与赞许。

　　② 每个人都应该能力十足，在某方面有成就，这样的人才是有价值的。

　　③ 有些人是坏的、卑劣的、恶性的，他们应该为自己的恶行受到严厉的责备与惩罚。

　　④ 假如发生的事情是自己不喜欢或不期待的，就认为它是糟糕的、可怕的。

　　⑤ 人的不快乐是由外在环境造成的，人无法控制自己的忧伤和烦闷情绪。

　　⑥ 常担心危险或可怕事情的发生。

　　⑦ 逃避困难、挑战与责任要比面对它们更容易。

　　⑧ 人应该依靠别人，而且需要一个比自己强的人做依靠。

　　⑨ 人的行为受到过去经历的影响，只要某件事对人产生影响，这种影响可能会持续一辈子。

　　⑩ 人应当关心他人的问题，也为他人的问题而悲伤、难过。

　　⑪ 对于任何一个问题，都应有正确、妥当及完善的解决方法，如果无法找到解决方法，那将是糟糕的事情。

2. 自我心理暗示

　　自我暗示是指通过主观想象某种特殊的人或事物的存在来进行自我刺激以达到改变行为和主观经验的目的。自我暗示可以分为积极的自我暗示和消极的自我暗示。当产生消极情绪时，可进行积极的自我暗示，有利于个体增强自信心，调动主观能动性，进而保持乐观的情绪。有实验表明，当一个人默念"我很高兴"，他的心里就会产生一种快乐的感觉。因此，当大学生产生消极情绪时，可以通过积极的自我暗示来缓解消极情绪，保持心理平衡。

3. 转移与升华情绪

　　情绪转移是把注意力从产生消极情绪反应的刺激情境转移到其他事物上。这种方法可以防止消极情绪进一步发展、深化。长期沉浸在痛苦中往往不利于解决问题，还会影响学习、工作、生活，损害健康。大学生遇到情绪问题的时候可以尝试把自己的注意力转移到那些有意义、能使自己感到自信、愉快和充实的事物或活动上去。升华情绪是把情绪转化为行动的力量，从而有效排解心中的不良情绪。如将敌对、愤怒、沮丧等消极情绪转化为奋发图强、力争上游的积极情绪，所谓"化悲痛为力量"就是心理升华的表现。

4. 精神宣泄

　　精神分析理论认为，个体的消极情绪必须得到有效的宣泄才能保持心理平衡。过分压抑情绪会导致困扰加重。如果消极情绪得不到发泄，不断积累，最终超过人们的心理承受能力，就会导致心理失衡。精神宣泄的途径有很多，如大哭一场、对他人倾诉、做体育运动、书写日记、到无人的地方呐喊等。在产生消极情绪时，可以采取正确的方式，选择正确的对象和场合进行宣泄。

5. 改善身体

情绪=认知+感受，或者说烦恼=不利于你发展的认知+躯体上的不适感。一些长期的错误认知如自卑，会导致持久的焦虑、沮丧，进而出现肌肉紧张、胃胀、慢性咽炎、胸闷等躯体反应。身体是有记忆的，身体的不良感受会诱发过去的不良情绪。因此对躯体反应加以调理和改善能有效地调控情绪问题。例如，肌肉松弛和焦虑紧张是无法同时并存的，泡个热水澡或用电吹风直接吹僵硬紧张的肌肉能很好地缓解紧张情绪。

6. 环境调节

环境对人的情绪同样有着重要的影响，改变环境也能起到调节情绪的作用。光线明亮、颜色柔和的环境使人产生恬静、舒畅的情绪。相反，阴暗、狭窄、肮脏的环境则使人产生憋闷和不快的情绪。当大学生产生消极情绪时，不妨到外面走走，看看大自然的美景，也许就能够开阔胸怀、愉悦身心。

7. 放松训练

（1）呼吸放松。 通过呼吸可以改变自主神经系统的活动状态。呼气时缓慢绵长，同时把注意力放在自己两个肩膀上，这样做，两肩的肌肉马上感到放松，因为这样便已经抑制了自主神经系统的交感神经系统的活跃（应付危险），而启动了副交感神经系统的工作（放松平和）。继续这样做深呼吸，三五次后便会整个人进入放松的状态。吸气时大力吸，吸气时身体正处在储存力量的状态，大力吸气有利于获得新的力量。

（2）肌肉放松训练。 又称肌肉松弛反应训练，是一种通过身体的主动放松来增强人的自我情绪控制能力的方法。它的基本原理是通过训练放松躯体所产生的反应，如减轻肌肉紧张感、降低呼吸频率和使心率放慢等，达到缓解消极情绪的目的。

【素养看点】

罗荣桓对情绪的把控

红军过湘江后，翻过老山界，进入大苗山，山路异常难走，沉重的电台使运输排举步维艰。一天，运输排政委袁光听说军团卫生部担架队要解散，便想从担架队要几个人到运输排抬电台。他来到军团部向首长们提出这一要求，话还没有说完，一位首长便大发雷霆："这么几个人补充战斗部队都不够，哪里有人给你们！"

碰了这么一个大钉子，袁光满脸惧丧。罗荣桓怕他下不了台，柔声地说："电台的同志确实很辛苦。可现在战斗部队更需要人。你们还是要靠自己的力量克服困难。出发以来，你们一直是军团的模范单位。我们相信你，而你也要相信电台的同志们，只要向大家讲清楚形势和道理，困难还是可以克服的。"听了罗荣桓的话，袁光的情绪稍有好转，召集干部开会，研究克服困难的办法。大家群策群力，使问题得到了解决。

"发火"的领导让袁光倍感沮丧，可能直接影响作战通信；罗荣桓控制情绪、调整心态，产生了完全不同的结果。强者控制情绪，弱者被情绪控制。"有才而性缓，定属大才，有智而气和，斯为大智。"历史上大凡运筹帷幄、胸怀韬略的将帅，多是冷静理智、抑怒束情的典范。

——摘自"中国军网"，有删改

【心理测试】
情绪稳定性的测试

下面有30道题，请根据自己的实际情况回答，不确定时选"？"。测验时不必多做思考，要求在十分钟左右完成，每题只能选择一个答案。

1. 我从未患过梦游症（即睡着时起来走路）。 　　　　　　　　　　是　？　否

2. 我从未因病而休假半年以上。 　　　　　　　　　　　　　　　是　？　否

3. 如果在工作时有人跑来打扰我，我就会感到很恼火。 　　　　　是　？　否

4. 我几乎每天都会遇到一些难以处理的事情。 　　　　　　　　　是　？　否

5. 在最近一次学习新知识或新技巧时，我感到很有信心。 　　　　是　？　否

6. 我时常会被一些事情激怒。 　　　　　　　　　　　　　　　　是　？　否

7. 要是遭到别人的侮辱，我的心情会久久不能平息，过了好多天仍不会忘记。 是　？　否

8. 我感到自己的生活是丰富的，并不单调。 　　　　　　　　　　是　？　否

9. 通常我很容易入睡，并且睡得很好。 　　　　　　　　　　　　是　？　否

10. 我是个容易害羞的人。 　　　　　　　　　　　　　　　　　是　？　否

11. 要是知道有人恨我，我也不放在心上。 　　　　　　　　　　是　？　否

12. 我有时会莫名其妙地感到欢乐或悲哀。 　　　　　　　　　　是　？　否

13. 我常常在应当着手做书面工作时，沉浸在幻想之中。 　　　　是　？　否

14. 最近五年来，我从未做过噩梦。 　　　　　　　　　　　　　是　？　否

15. 我在搭电梯、穿马路或站在高处时会感到恐惧。 　　　　　　是　？　否

16. 遇到紧急事情时，我总能冷静地处理好。 　　　　　　　　　是　？　否

17. 在日常生活中，我是个感情用事的人。 　　　　　　　　　　是　？　否

18. 我很少担心自己的健康问题。 　　　　　　　　　　　　　　是　？　否

19. 我清楚地记得去年有哪些人经常给我造成麻烦。 　　　　　　是　？　否

20. 读书阶段，如果没有家庭作业和考试，我就不会主动去学习。 是　？　否

21. 最近五年内，我在工作和学习时，从来没有感到空虚和茫然。 是　？　否

22. 在过去一年中，我遇到三个以上对我不友好的人。 　　　　　是　？　否

23. 在我的一生中，我能够达到我所希望的目标。 　　　　　　　是　？　否

24. 看到别人做出怪异的行为，我总是难以忍受。 　　　　　　　是　？　否

25. 自杀是荒唐的，我从未有过自杀的念头。 　　　　　　　　　是　？　否

26. 我常常感到不快乐。 　　　　　　　　　　　　　　　　　　是　？　否

27. 这两年我从未腹泻。   是 ？ 否

28. 通常情况下，我很有自信。   是 ？ 否

29. 我完全有理由相信自己有办法像多数人一样轻松处理日常生活中的事情。   是 ？ 否

30. 最近一个月里，我几次服用镇静剂或安眠药。   是 ？ 否

【测验计分与评价】

选择"是"计2分，选择"？"计1分，选择"否"不得分。将各题的分数相加，算出总分。查询下面的评分表，就可以知道你的情绪稳定程度。

评分表

总分	情绪稳定性行为特征
0≤总分≤11	不稳定，情绪过敏，内心困扰，心境波动大
12≤总分≤23	不大稳定，情绪经常波动，内心有困扰
24≤总分≤36	中等，介于情绪过敏与情绪稳定之间
37≤总分≤48	较稳定，情绪很少波动，有较稳定的态度和行动
49≤总分≤60	很稳定，稳重、成熟、自信、理智、镇定

【说明】此测试用于粗略检查，不能用于正式诊断或筛选。

【活动设计】

训练一　在表演中体验情绪

【目的】

体会各种不同的情绪，学会从他人的非语言表达中察觉他人的情绪，训练自己敏锐地观察他人情绪的能力。

【操作】

准备一些写有与情绪有关词语的卡片，如高兴、悲伤、震惊等。让参与活动的同学随机抽取卡片，并按照卡片表演对应的情绪。让其他成员根据表演者的动作、表情，猜猜卡片所对应的情绪是什么。表演者说明他人的猜测是否正确。

【思考】

（1）你在活动中有何感受？

（2）你觉得自己的情绪表达与大家给你的反馈一致吗？

训练二 发现我的六个情绪事件

【目的】

发现自己的情绪状态。

【操作】

回忆自己的生活，写出让自己产生以下六种情绪（生气、难过、焦虑、害怕、丢脸、无助）的事件。

（1）我最生气的一件事：

（2）我最难过的一件事：

（3）我最焦虑的一件事：

（4）我最害怕的一件事：

（5）我最丢脸的一件事：

（6）我最无助的一件事：

本章推荐资源

第七章 大学生人际交往心理

　　琪琪向往的大学生活到来了，她满怀憧憬地走进大学。但令她没有想到的是，她和寝室里的人总是相处不到一起，开始时什么事她都想着她们，但同宿舍的室友都想不到她。她感觉付出的没有回报，慢慢就变得冷漠了许多。前一段时间，琪琪恋爱了，在宿舍的时间更少了，和宿舍同学接触机会也更少了。一天琪琪选修的一门课程要考试，室友们没有选修这门课就不用考试。琪琪想早点起来再复习一下，就把手机定在5:30。同宿舍的乐乐睡眠很轻，手机闹铃声吵醒了她，她很生气地说："你正常点行不？"这一天，宿舍人一天都没有和琪琪说话，琪琪知道手机闹铃吵到她们了，晚上发信息道歉，其他人说没事，但是乐乐却说晚上谈谈，可是晚上琪琪回去后，乐乐什么也没说。后来琪琪再给同宿舍人占座，她们就不再过去了，也不和琪琪打招呼，琪琪不明白为什么会变成这样。

　　社会性是人的本质属性，每个人作为社会的一员，不可避免地要与他人进行交往与沟通，健康个性的形成离不开融洽的人际关系。良好的社会交往不仅是大学生向社会化转变的基本途径，也直接影响他们的身心健康、成长与发展。因此，了解人际交往的基本理论知识，正确掌握人际交往的原则和艺术，对于建立和谐的人际关系，对大学生的健康成长具有非常重要的意义。

① 掌握人际交往原则；
② 了解大学生人际交往中的常见问题及调适；
③ 培养成功交往的心理品质和能力。

人际交往　　首因效应　　交往障碍　　大学生人际交往特点　　大学生人际交往的技巧

人是社会性动物，良好的人际关系不仅是个体心理健康水平、社会适应能力的重要指标，也是其事业发展与人生幸福的基石。

一、人际交往的含义、重要性、心理因素

（一）人际交往的概念

人际交往也称人际关系，是人与人之间通过一定的方式进行接触，从而在心理上和行为上相互影响的过程。人际交往表现为人与人之间的心理距离，反映着人们寻求满足需要的心理状态。人际交往从动态上讲，是指人与人之间一切直接或间接的相互作用，但都超不出信息沟通与物质交换的范畴；从静态上讲，是指人与人之间通过动态的相互作用形成的情感联系。

（二）人际交往的重要性

交往对于社会的发展和个性的成长有重要作用。交流是群体的黏合剂，能使群体内部个体之间和群体之间在认知、情感和行为上彼此协调。对于个人来说，交往是人类特有的需求，人只有不断地与他人交往才能正确地自我认识，促进个性发展和心理健康。对于社会来说，人际交往是社会发展的必然产物，也是社会发展的基本前提。没有人际交往过程中所形成的各种各样的网络关系及人们所担当的各种各样的社会角色，社会就不能称为社会，发展也无从谈起。

（三）人际交往的心理因素

人际交往的心理因素包括认知、动机、情感、态度等。

1. 认知

认知是个体对人际关系的知觉状态，包括个体对自己与他人，以及两者之间关系的了解与把握。人与人的交往首先是从感知、识别、理解开始的，认知是人际关系的前提，能使个体更好地、更有针对性地调节与他人的关系。

2. 动机

动机指人与人的交往中的需要、愿望与诱因，在人际关系中有着引发、指向和强化的功能。

3. 情感

情感指人们在交往中的情感体验，如满意与不满意、喜爱与厌恶等，是人际关系的重要调节因素。人们正是根据自身的情感体验不断地调整人际关系。情感直接关系着交往双方在情感需要方面的满足程度，即心理距离。可以说，情感是人际关系中最重要的部分，它往往被当作判断人际关系状态的决定性指标。

4. 态度

态度是人际交往的重要变量，直接影响着人际关系的建立、形成与发展，例如偏见、歧视、宽容等态度直接影响人们的人际关系。

二、良好人际关系的发展阶段

心理学家勒温（Kurt Lewin）认为，关系的发展有三个阶段：第一是单向注意阶段，对方没有互动；第二是表面接触阶段，双方有初步的、浅层的互动，但是还没有相互"卷入"，也就是说没有走进彼此的私我领域，即泛泛之交；第三是相互卷入阶段，双方向对方开放自我，分享信息和感情，这是友谊发展的阶段。

心理学家阿特曼（I.Altman）等人提出了社会渗透理论来解释关系发展的过程。他们认为人际关系主要有两个维度：一是交往的广度，即交往的范围；二是交往的深度，即交往的亲密程度。关系发展的过程是由较窄范围的表层交往向较广范围的密切交往发展。人们根据对交往成本和回报的计算来决定是否增加对关系的投入。阿特曼等认为，良好的人际关系的发展，一般经过四个阶段：定向阶段、情感探索阶段、情感交流阶段、稳定交往阶段。

（一）定向阶段

在人际交往中，人们对交往的对象具有很高的选择性。进入一个交际场合时，人们往往会选择性地注意某些人，而对另外一些人视而不见，或者只是礼貌性地打个招呼。对于注意到的对象，人们会进行初步的沟通，谈谈无关紧要的话题，这些活动就是定向阶段的任务。在这个阶段，人们只有很表层的自我表露，例如，谈谈自己的职业、工作、对最近发生的新闻事件的看法等。

（二）情感探索阶段

如果在定向阶段双方有好感，产生继续交往的兴趣，那么就可能有进一步的自我表露，例如工作中的体验、感受等，并开始探索在哪些方面可以进行更深的交往。这使双方有一定程度的情感卷入，但是还不会涉及私密性领域，双方的交往还会受到角色规范、社会礼仪等方面的制约，比较正式。

（三）情感交流阶段

如果在情感探索阶段双方能够谈得来，建立了基本的信任感，就可能发展到情感交流的阶段，彼此有比较深的情感卷入，谈论一些相对私人的问题，例如相互诉说工作、生活中的烦恼，讨论家庭中的情况等。这时，双方的关系已经超越了正式规范的限制，比较放松，比较自由自在，如果有不同意见也能够坦率相告，没有多少拘束。

（四）稳定交往阶段

情感交流如果能够在一段时间内顺利进行，人们就有可能进入更加密切的阶段，双方成为亲密朋友，可以分享各自的生活空间、情感、财物等，自我表露更深、更广，相互关心也更多。一般来说，能够达到这个阶段的关系相当少。由此可见，好的人际关系是需要时间和耐心培养的。

三、影响人际交往的因素

（一）表层因素

1. 空间距离

一般来讲，距离越近，接触频率越高，越有利于交往。相近的文化背景、风俗习惯、社会经历会使彼此的交流相对容易。在大学校园里，最有效的社交方式是以寝室为中心的社交。一个寝室里的室友朝夕相处，有着更多的了解和沟通，更容易建立比较深刻的人际关系。除此之外，同在一个班级、专业或参加相同的社团，都可以使两个原本陌生的人建立起一定的人际关系。

2. 交往频率

人们只有在交往中才能彼此了解、相互熟悉，进而相互帮助，建立友谊。一般来说，交往的频率越高，越容易形成共同语言、共同态度、共同兴趣和共同经验等。交往频率过低，可能会使双方产生被冷落之感，以至感情疏远。不过，交往频率过高，也可能影响对方的工作和生活秩序，引起对方的反感。

3. 个人仪表

人际吸引的最初动力就是外表相悦性，一个人的长相、穿着、仪态、风度等都会对他人产生吸引力。爱美是人的天性，无论在哪种文化背景中，外貌对于人际吸引的影响都是显而易见的。在交往初期，个人仪表因素显得极为重要。因此，为了增强自己的人际吸引力，使自己变得更漂亮、更得体、更有风度是很有必要的。

（二）深层因素

1. 人格品质

以气质而论，多血质和黏液质的人，其人际关系一般来说要好于胆汁质与抑郁质的人。以能力而论，能力强的人往往使人产生钦佩感与信任感，更具有吸引力。以性格而论，诚实、正直、开朗、自信、勤奋、幽默、热情的人较之虚伪、孤僻、懒惰、固执、狂妄的人具有较强的人际吸引力。

【小贴士】出丑效应

美国社会心理学家埃利奥特·阿伦森（Elliot Aronson）在1969年做过一个实验，将不同的四卷访问录像带分别播放给四组被试者观赏，四卷录像带是由同一个访问员访问同一个大学生，希望被试者看完录像带后凭主观的感觉评分，以表示他们对录像带里的大学生的喜欢程度。第一卷录像带，访问员在介绍受访者时，将他描述成一位能力杰出的大学生：他是荣誉生，是校刊编辑，是运动健将。在访问过程中，受访者表现也很优秀，对访问员提出的所有问题能对答如流，表现得自然大方。第二卷录像带，内容与第一卷基本相同，唯一的不同是受访者在采访中因紧张而打翻了桌上的咖啡，并弄脏了一身新衣服。第三卷录像带，访问员将受访者说成是一位普通的大学生，受访者在采访过程中也表现一般。第四卷录像带的内容与第三卷基本相同，但受访者也是打翻了咖啡。实验结果是：大家最喜欢的是第二卷中的受访者，其次是第一卷中的受访者，再次是第三卷中的受访者，最不喜欢的是第四卷中的受访者。上述实验表明，一个看起来很有才华的人，如果表现出一点小错误或个人缺陷，反而会使人更加喜欢，因为一个完美的人会使人产生敬畏感，觉得高不可攀，不敢接近。这就是心理学上著名的"出丑效应"。

2. 特点相似程度

社会心理学认为，相似性是人际吸引的重要因素，包括年龄与性别、社会地位、经济状况、教育水平、职业、籍贯、兴趣、信念、价值观、态度等的相似。人与人之间若对具体事物持相同或相似的态度，有共同的语言、共同的理想、信念和价值，则容易产生共鸣，且相互之间易做到理解、支持、信任、合作，从而建立密切的关系。

3. 互相满足程度

互相满足是建立人际关系的前提。如果没有需要和满足需要的期望，那么空间距离再近，也可能是"鸡犬之声相闻，老死不相往来"；如果有了需要和满足需要的期望，那么空间距离再远，也可能是"天涯若比邻"。良好的人际关系的建立取决于交往双方彼此满足需要的方式和程度，如果双方的需要能从交往中得到满足，那么人际关系就会密切、融洽；如果双方的需要不能从交往中得到满足，那么彼此之间就会缺乏吸引力；如果双方的需要在交往中受到损害，那么彼此之间就会产生排斥与对抗。

【扩展阅读】

人际交往的距离

据美国人类学家爱德华·霍尔的观察，人际交往中的八种距离反映了人与人之间不同的亲密感，人们也自觉或不自觉地利用距离来营造不同的人际关系。

（1）亲密距离——接近式（0～0.15m）。这种距离用于爱抚、格斗、安慰和保护等。其使用者有着非常亲密的关系，这种距离使语言交流的作用减小。

（2）亲密距离——接近式（0.15～0.45m）。这种距离能够用手触碰到对方的身体，使用者关系很密切。但在拥挤的空间里，人们彼此保持这样的距离并不能反映密切关系。

（3）个人距离——远离式（0.45～0.75m）。这种距离能够抱住对方、抓住对方，能够看清对方的表情。这是与熟人交往的距离，陌生人进入这个距离会引起误会。

（4）个人距离——接近式（0.75～1.2m）。这种距离两人伸出手就能触碰到对方的身体，常在处理个人事宜的时候产生。

（5）社交距离——接近式（1.2～2.1m）。这种距离超过了身体的接触界限，工作时同事之间就是保持这种距离。以这种距离俯视他人会产生一种威压效果。

（6）社交距离——远离式（2.1～3.6m）。这种距离适用于注重形式的工作会谈，既可以专心做自己的事情，又不会给他人增添麻烦。

（7）公众距离——接近式（3.6～7.5m）。4m左右的距离，交流双方会出现或多或少的问答，言者与听者之间保留了一些交流余地。

（8）公众距离——远离式（7.5m以上）。用于演讲或演说的时候，个人之间的交流比较困难。

四、人际交往的原则

（一）真诚原则

真诚的理解是人际交往的基础。在人际交往中，只有抱着心诚意善的态度，别人才会接纳你、信任你。以诚相待是人际交往得以延续和深化的保障。当然，初涉社会的大学生也应该看到社会环境、人际关系的复杂性，不仅要学会表达自己的真情实感，还必须学会分辨真伪，有时太过单纯和真诚也会碰壁。

（二）平等原则

人际交往中的平等，主要是指精神和人格上的平等。在实际生活中，人与人之间肯定是有差异的，经济水平、社会地位，甚至是个人的能力、地位都不平等，这些不平等往往给我们的交往造成困难。如有些大学生家境好，或是自己能力强，容易有傲慢的心理；而有些大学生因为经济原因或其他原因而有自卑感，这就会使交往出现障碍。面对客观存在的不平等因素，应保持心理上、人格上的平等。平等是人与人之间建立情感的基础，彼此都给予充分的尊重，才有可能形成人与人之间的心理相容，产生愉悦、满足的心境，建立和谐的人际关系。

（三）守信原则

人际交往的基础在于诚信。与人相处时切勿草率做出承诺，一旦允诺他人，务必全力以赴兑现，避免因食言而损害信任。欺骗行为最易摧毁人际关系。恪守言行一致、信守诺言的原则，方能建立起持久稳固的信任关系。

（四）尊重原则

每个个体都具有独立性。在互动过程中需秉持尊重原则：首先恪守自我尊严，保持自重自爱并坚守人格底线；其次充分体谅他人，包容对方的个性特质、兴趣偏好及行为方式。唯有以礼相待，方能赢得同等回应。特别需注意保护私人领域，即便再亲密的关系中，每个个体都存在不愿示人的空间，因此不可因关系亲近而逾越他人设定的隐私屏障。

（五）宽容原则

宽容是指在承认人与人差异的基础上，尊重他人的存在方式。在人际交往中，很多矛盾都源于对他人过于苛刻。日常生活中，我们习惯以不同的标准来看人、看己，往往责人以严，待己以宽。要做到宽容，我们应辩证地看待别人，既能看到别人的优点，也能容忍别人的缺点。当双方发生矛盾时，只要不是原则性的大问题，都应抱着豁达大度的心态，才能保证交往顺利进行。

（六）互利原则

互利原则也称交换性原则。美国社会学家乔治·卡斯珀·霍曼斯（George Casper Homans）提出，人与人之间的交往本质上是社会交换的过程。人们的一切人际关系的建立与维持都是根据一定的价值观进行选择的结果。人际关系的维持以满足交往双方的需要为基础，只有单方获得好处的人际交往是不能长久的，所以交往双方都要付出和奉献。互利原则，既包括物质方面的，也包括精神方面的。人与人交往的需求是多层次的，粗略地可以分为两个基本层次：一个层次是以情感定向的人际交往，如亲情、友情、爱情等；另一个层次是为实现某种功利目的而进行的人际交往。在现实中，人们时常会自觉或不自觉地将这两种情况交织在一起：有时候即使是以功利为目的的交往，也会产生感情的沟通和反应；有时候虽然是情感领域的交往，但也会为彼此带来物质利益上的帮助和支持。在运用互利原则时要注意，互助互惠并不是等价交换，更不是庸俗的交易，而是一种自觉自愿的相互付出、相互奉献。交往的双方相互关心、相互帮助、相互支持，既要考虑双方的共同价值和共同利益，满足共同的心理需要，又要促进相互间的联系，深化双方的感情。

【扩展阅读】

人际关系退化的原因

一些心理学研究讨论了人际关系退化的原因。综合起来，导致人际关系亲密程度变弱的原因主要有以下几点。

①空间上的分离，交往的一方迁徙到别的地方，虽然分离的双方可以通过书信、电话、电子邮件等形式保持联系，但是最现代的通信工具也取代不了面对面的交往。

②新朋友代替了老朋友。

③逐渐不喜欢对方行为上或人格上的某些特点。一方面个人的喜好标准可能发生变化，另一方面，交往中可能发现对方的一些新的特点，而这些特点恰恰是另一方不喜欢的。

④交换回报水平的变化，即一方没有按照所期望的水平给予回报。

⑤嫉妒或批评。

⑥对第三方不能容忍。在亲密关系中，这一点比较突出，因为亲密关系，尤其是异性之间的亲密关系往往有一定程度的排他性。

⑦泄密，即将两个人之间的秘密透露给其他人。

⑧对方需要时不主动帮忙。

⑨没有表现出信任、积极肯定、情感支持等行为。

第二节
大学生人际交往概述

大学生的人际交往看似简单，实质上却不乏复杂性，对大学生的学习、生活产生着相当大的影响。

一、大学生人际交往的类型

丰富多彩的大学生活使大学生的人际交往呈现出多样化的特点，根据交往对象来分类，大学生的人际交往主要有师生关系、同学关系、宿舍关系、朋友关系、恋爱关系、老乡关系、亲人关系、网络人际关系等。根据人际交往个性来说，大学生人际交往类型大致可以分为积极型、被动型、沉静型三种。

1. 积极型

这类大学生往往对人际交往有较大的兴趣和热情且行动积极，他们大多积极参加社团活动，主动承担社会工作。

2. 被动型

这类大学生因个性内向或怕耽误学习等原因较少主动交往，更多的是被动卷入人际交往。他们往往对自己封闭的交往形式不满意，渴望真诚、深厚的友谊，但缺少知心朋友。

3. 沉静型

这类大学生人数较少，他们习惯过平静的生活，性格一般比较孤僻，平日少言寡语，不善交往，只保持与少数人的交往和接触。

二、大学生人际交往的特点

大学生的文化层次较高，生理和心理日趋成熟，比较重感情。大学生的人际交往除了具有人际交往的一般共性外，还具有一些不同的特点。

（一）有强烈的交往动机

大学生思维敏捷，充满活力，探索未知的热情高涨，对人际关系尤为重视。面对社会新生事物与现象，他们展现出强烈的好奇心。伴随自我认知的深化，洞察社会百态与理解他人行为逐渐成为迫切需求；拓展社交圈层的愿望愈发强烈，通过互动寻求情感共鸣，获得理解关怀与人格尊重成为普遍期待。初入高校的新生群体对此感受尤甚，新的校园环境构成全然不同的生活场域。脱离熟悉的生活网络后，既怀念往昔的情感联结，又憧憬构建新的社交关系。

（二）交往的范围扩大

大学生的交往对象由以前的亲戚、邻居、成长伙伴等转向大学同学和在校外社交场合认识的其他人。大学生渴望走出校园，与社会人群有更多的人际交往。这是一种积极的社会心理倾向，它是大学生走向社会、开阔视野的原动力之一，但是如果管理不好，就会对校园的组织纪律和正常的生活秩序产生一定的影响。

（三）非功利性与理想化

大学生的交往动机比较单纯，功利色彩比较淡，感情色彩比较浓厚，多是精神上的交往。这种交往是非常纯洁、非常美好、非常值得珍视的。

另外，大学生也往往对人际关系抱有较高的期望，将人际关系理想化并且喜欢幻想。许多大学生对交往中的同学关系不满意，也正反映了大学生在人际交往中理想化的倾向。

（四）注重交往双方的平等性

大学生的自我意识处于逐渐成熟的过程中，产生了"成人感"，希望在各个方面展现独立的人格，在人际交往中特别看重平等、民主。在交往中，他们追求双方以诚相待、平等相处。喜欢与尊重他人、关心他人、待人真诚的朋友在一起，而嫌弃不尊重他人、操纵欲和支配欲强的人。

（五）交往方式的多样化

大学生不仅可以采用聊天、互访等传统手段进行人际交往，还可以通过参加社会团体、体育活动、结伴出游以及其他集体活动等方式结识朋友、发展友谊。在信息技术迅猛发展的今天，人际交往的新媒介不断涌现，大学生的人际交往呈现出现实与虚拟相结合的特点。当代大学生通过网络通信软件、新媒介平台进行交流，组建新的朋友圈，编织人际关系网。新媒介使大学生的人际交往更加便捷，人际交往圈子更大，人际交往的互动性和开放性更强。但是如果大学生过度沉迷网络，只进行网络交往，反而会降低个体的社交水平，甚至使个体逐渐丧失现实交往能力，造成人际交往障碍，导致一系列身心问题。因此，大学生既要学会运用网络进行适度的人际交往，又要注重现实生活中的人际沟通。

（六）交往动机复杂化

大学生在人际交往中，在注重情感交流的同时，也越来越注重与自身社会利益相关的务实性，呈现出情感交际与功利交际并重的趋势。大学生交际的对象不仅仅是体现"血缘""地缘""业缘"关系的亲属、同乡、同学及好友，也不仅仅以情感上的交流为满足，而是在交际的对象、内容、范围及样式上，出现了注意现实价值的趋向。大学生开始注重交往中的互惠互利，看重交往的后果与效益，会更多地选择与那些能促进自身发展的人交往。

第三节
大学生人际交往常见问题及调适

一、大学生人际交往中常见心理问题

（一）不敢交往

在人际交往中，人们都存在或多或少的恐惧心理。有一部分大学生由于害羞、自卑等心理，在这方面反应强烈，与人交往时特别紧张，心跳气喘、面红耳赤，两眼不敢正视对方；在与人交谈时语无伦次、词不达意。尤其在人多的场合或集体活动中更是感到恐惧，不敢和人打交道，不敢表现自己。如果上述现象显著而持久地存在，则可能是社交恐惧症。

（二）不愿交往

大学生不愿与人交往的一个原因是不合群，喜欢独处。一般来说，大学生的自我意识逐渐成熟，可以通过暂时的独处进行自我反思，体会到心灵宁静的快乐。但如果长期如此，则会出现与人交往时不善言辞等情况，影响正常的交际。

大学生不愿与人交往的另一个原因是缺少人与人之间必要的信任与理解，缺乏与同学合作的精神，甚至视同学为敌人。有的大学生骄傲自大，以自我为中心，缺乏基本的人际宽容，总是以自己的标准苛求别人，并常为一些小事而伤害他人；有的大学生群体意识淡薄，以自我为中心，对周围的人与事漠不关心；有的大学生遇事总是自我封闭、孤芳自赏，但又特别敏感，心理承受能力差；有的大学生在进入大学之后发现自己不再像中学时那么出类拔萃，自信心降低，甚至形成嫉妒与自卑心理，怕别人瞧不起自己而不愿意与人交往；有的大学生有很强的猜疑或戒备心理，对周围的人不信任，缺乏基本的合作精神，觉得别人都不可靠，觉得接近自己的人都是别有用心的，甚至视同学为对手……种种的表现都不利于正常的社交。

> **【小贴士】学会共处**
>
> 随着信息传播的全球化及各国之间的相互依赖，"偌大地球，小如一村"，大学生如何才能彼此礼貌相待、友好合作、和谐相处，前提有三。①懂得人类具有相似性。凡事都应设身处地、将心比心，"己所不欲，勿施于人"。②懂得人类具有多样性。由于遗传和后天的环境不同，人们具有气质、性格、文化修养乃至生活方式、价值取向、思想品德的多样性。③懂得人类彼此间的相互依赖性，所谓成功与幸福的共同分母是他人。

（三）不善交往

也有部分大学生渴望交往，但不具备足够的社交能力，在交往过程中既不了解自己，也不了解别人，导致交往的失败。比如有些大学生不注意把握沟通交往的方式，如在劝说他人、批评他人、拒绝他人时不讲究场合和说话的技巧，常常得罪他人而不自知；有些大学生在与人交往的过程中，不注意交往的原则，开玩笑不注意场合，不懂得给人留面子，伤了对方的自尊心；有些大学生总是想表现自己，不懂装懂，夸夸其谈。这些表现都不利于自身形象的塑造，影响了同学之间进一步的交往。人际交往的失败、受挫会使得一些大学生把人际交往看成一种负担，逐渐变得自我封闭。

【小贴士】智者的"四句话"

青年人拜访年长的智者，问：我怎样才能成为一个既能让自己愉快，也能使别人快乐的人呢？

智者说："我送你四句话，第一句话是：把自己当成别人，这样当你感到痛苦、忧伤的时候，痛苦就会减轻；当你欣喜若狂时，狂喜也会变得平和些；第二句话是：把别人当作自己，这样就可以真正同情别人的不幸，理解别人的需要，在别人需要的时候给予恰当的帮助；第三句话是：把别人当成别人，要充分尊重每个人的独立性，在任何情形下都不能侵犯他人的核心领地；第四句话是：把自己当作自己。"

青年又问："如何理解把自己当作自己，如何将四句话统一起来？"

智者说："用一生的时间用心去理解。"

二、大学生一般人际交往障碍和调适

1. 自卑

有自卑心理的大学生在交往中常缺乏自信心，处事过分小心谨慎，畏首畏尾，敏感多疑、孤僻。有自卑心理的人在社交场合一般不是积极主动参与，而是消极被动、过于警觉，极易受挫。自卑心理可以从以下几方面去调适。①正确认识自己，提高自我评价。②主动交往，争取成功的体验。自卑者越退缩回避，越得不到锻炼的机会，能力就越得不到提高，形成越怕越羞、越羞越怕的恶性循环。自卑者要鼓足勇气积极参加社会交往活动，只要有一次成功的经验就能增强自信。事实上，心理学家们认为没有失败，只有信息的反馈。当我们勇敢去尝试，由此带来一个结果，这个结果就会丰富我们的经验，增强我们的能力。

2. 怯懦

怯懦的人在生活中常以"老好人"的面目出现，害怕面对冲突，害怕拒绝别人，害怕别人不高兴。怯懦的人在做出很多退让后，往往产生一种自我挫败感，导致自我评价和自信心降低，并对交往的对象产生暗暗的怨恨情绪。从长远看，这并不利于人际交往的顺利发展。克服怯懦个性，要从观念上强化自我的权利和尊严。在人际交往中，只做适当的、有分寸的忍让和妥协。无底线的退让会强化对方不适宜的行为和态度，让对方认为"我可以这样对你"，而自己也会生活在不真实的自我中。

3. 嫉妒

嫉妒从本质上说是一种缺乏自信、深感生命失落的心理感受，它是看到、感受到或预感到他人的才干、好运、地位、财富以及未来的命运好于或优于自己时内心的一种深深刺痛，这种刺痛又总是积郁为一种抱怨、憎恨的情感，并通过攻击或诋毁他人来维护心理的平衡。轻微的嫉妒会激发超越他人的动力，但严重的嫉妒会导致一系列的身心问题和人际交往问题。产生嫉妒并不可怕，可怕的是不能正视嫉妒。克服嫉妒心理可以从两方面入手：①认知调节，增强自信；②充实自我，关注自我。

4. 自我中心

自我中心的人与人交往时只关心自己的需要和利益，强调自己的感受，不尊重他人的价值和人格，漠视他人的处境和利益。自我中心的人有很强的自尊心，会不择手段来维护自己的自尊心，对别人的成绩非常嫉妒，对别人的失败幸灾乐祸。自我中心的人在人际交往中很难与人建立牢固持久的良好关系。克服自我中心必须坚持：①平等对人，学会接纳，不苛求别人；②不断完善自我人格，可以通过做一些科学的人格测试，了解自己人格类型的特点，将优良的人格品质作为自己修炼的目标，建立健全的人格。

5. 猜忌

猜忌是由主观臆测而产生的不信任别人的一种复杂的、不良的心理。一些大学生将"防人之心不可无"作为自己的信条，抱着怀疑一切的态度与别人交往，这就陷入了猜忌的心理障碍。猜忌的人往往心胸狭窄，爱计较个人的得失，整天疑心重重，无中生有，仅凭主观臆测就对别人抱有不信任心理。要消除猜忌心理，可以从以下两方面入手。①多沟通信息，多角度了解别人，了解别人是不怀疑别人的前提。②用理性思考代替冲动的怀疑，不轻信流言。当开始对他人产生怀疑时，就应该理性思考，以合理的方法去调查了解，做出正确的分析判断。

【扩展阅读】

怎样处理宿舍人际关系？

调查表明，宿舍关系是大学生交往最频繁的人际关系，也是最难相处的人际关系。宿舍是大学生唯一固定的生活空间，空间紧凑、宿舍同学不可选择，以及同宿舍人员接触的频繁，都决定了宿舍关系的复杂性。

宿舍关系最独特的一点是"宿舍是家，又不是家"。有的同学把宿舍当成家，觉得想怎么做都可以，别人都应该能体谅，别人的东西也可以共享。但遗憾的是，宿舍不是真正的家，每个人的东西都是私有的，不能共享，谁也没有权利向别人发号施令。

在处理宿舍内的人际关系时，要注意以下几点。

（1）多自我反省。寻找自己身上的问题及其对宿舍关系造成的影响。宿舍内部矛盾的来源基本都是琐碎小事，如乱放垃圾、制造噪声、计较小钱、作息紊乱、言论霸权等。若发现自己有不妥的地方，要及时改正，调整自己的作息时间，改变自己的说话方式，用他人可以接受的方式来和他人相处。

（2）多沟通、多交流。宿舍内的矛盾很多时候都是由小事产生的，但大家碍于情面都不肯说，而逐渐疏远了关系。因此，大家要主动沟通交流，只有这样才能更好地相互理解，消除彼此的误会。

（3）对他人多加包容。要拥有和谐的人际关系，一定要有宽广的胸怀，多吸收别人的优点，包容他人的缺点。平时对鸡毛蒜皮的纠纷，不要耿耿于怀。所谓"大事聪明，小事糊涂"，就是把有限的精力用在主要的事情上。

三、大学生社交恐怖症及调适

【案例讨论】

　　罗某，女，20岁，某理工大学二年级学生。上大学以来，她从不与人多讲话，就算与人讲话，也不敢直视对方，像做了亏心事一样。一说话就会脸红，低头盯着脚尖，心怦怦直跳，身上起鸡皮疙瘩，好像全身都在发抖。而且，她不愿与班上同学接触，老觉得别人讨厌自己，认为在别人眼中自己是个怪人。她最怕与男生接触，也很怕老师。上课时，只有老师背对学生写板书时她才不紧张。她常常因为紧张而听不懂老师所讲的内容。更糟糕的是，后来在家人、朋友面前她说话也变得不太自然了。由于这些毛病，罗某极少去社交场所，也很少与人接触。她曾力图克服，也看了不少心理学科普图书，用社交技巧指导自己，用理智说服自己，用意志控制自己，但效果不大。这种情况已经严重影响她的学习和生活。

　　经了解，罗某从小性格内向、胆小、孤僻，父母对她要求极其严格，她考试没有考好就会被父亲打骂，而且不准她与男孩子玩耍；同时，她曾在中学时因没能响亮正确地回答问题而受到老师的指责和同学的讥笑，这些都加深了她对人际交往的恐惧，最后发展为社交恐怖症。

智慧点拨

　　这是典型的社交恐怖症的例子。社交恐怖症是大学生常见的心理疾病，患这种病的人意识清楚，心里明明白白，分析问题、解决问题的能力都不差，可就是对某事、某物或某人有莫名其妙的紧张感和恐惧感。之所以说"莫名其妙"，是因为他心里明明知道没什么可怕的，可偏偏心不由己，怕得要死。案例中的罗某患上社交恐怖症与幼时父母不恰当的教育方法和受到老师指责、同学嘲笑的经历有关，属于挫折性的社交恐怖症。

　　社交恐怖症也叫社交焦虑障碍，是一种以对社交场合的强烈恐惧和回避为特征的焦虑障碍，属于非常严重的交往心理障碍，对个人身心健康，以及未来前途都会产生重大危害。

　　社交恐怖症产生的原因，一般有以下几种：一是性格所致，患社交恐怖症的人一般来讲性格比较内向、胆小、孤僻、敏感、依赖性强，在与人交往中一般处于被动的地位；二是交往中过度在意自我形象，唯恐言行有误被他人耻笑，致使心理负担过重；三是之前与人相处中有过不愉快的情绪体验，属于挫折性的恐怖症；四是青春期的社交恐怖症，社交恐怖症在青春期的发病率高于成年人，往往首先表现为异性恐怖症，再由异性恐怖症发展泛化到所有人。

无论哪种原因引起的社交恐怖症，都与缺乏自信、过于自卑有关。因此，要克服社交恐怖症必须全面认识自己，克服自卑，树立"自信人生"的理念。对于严重的社交恐怖症，我们应采取心理咨询和心理治疗的方法。目前有许多行之有效的方法可以治好社交恐怖症，所以即使患上这种病也不用焦虑和烦恼。

第四节
培养成功的交往能力

良好的人际关系需要真诚和热情，也需要符合人际交往原则，掌握人际交往技巧。掌握必要的交往艺术，能提高交往能力、消除交往障碍、改善人际关系，是大学生取得成功的必备条件。

一、培养成功交往的心理品质

（1）**积极进取，奋发向上**。我们要想赢得朋友，首先就得提高自己的吸引力。当我们自己拥有一种积极向上的精神面貌时，周围的朋友就会被我们吸引。

（2）**不卑不亢，虚怀若谷**。无论在何种情况下为人处世都要谨慎、自信。谦虚使人常常看到自己的不足与他人的长处，从而取长补短，不断完善；自信能使交往主动、积极、从容不迫。

（3）**心胸宽广，热情大方**。斤斤计较往往为影响人际关系，而且难以成就事业。热情给人以温暖，给人以帮助，令人感到愉悦畅快。

（4）**诚实守信**。诚实守信是中华民族的传统美德，建立在此基础上的人际交往是可靠的、持久的，而建立在虚伪应酬基础上的人际交往是不可能形成良好人际关系的。

【**扩展阅读**】　　　　　　**影响人际关系的主要人格品质**

美国心理学家安德森在一项研究中，向大学生展示了一些描写人格品质的形容词，让他们指出自己最喜欢的和最不喜欢的品质，其中许多条目与真诚有关，说明真诚的人受人欢迎，虚伪的人令人讨厌。安德森将人格品质受喜欢的程度归纳为"最受喜欢的品质""中间品质""最不受喜欢的品质"三大类。

最受喜欢的品质	中间品质	最不受喜欢的品质
真诚	固执	作风不正
诚实	刻板	不友好

最受喜欢的品质	中间品质	最不受喜欢的品质
理解	大胆	敌意
忠诚	谨慎	饶舌
信得过	易激动	目光短浅
理智	文静	粗鲁
可靠	冲动	自负
有思想	好斗	贪婪
体贴	腼腆	不真诚
可信赖	猜不透	不善良
热情	易动情	信不过
善良	羞怯	恶毒
友好	天真	充满敌意
快乐	好动	虚假
不自私	空想	不老实
幽默	追求物质	冷酷
负责	反叛	邪恶
开朗	孤独	做作
信任别人	依赖别人	说谎

二、克服人际交往中的知觉偏差

我们对他人的认识一般是根据外观、行为来推测其内在心理，因为是推测和判断，必然会带有浓厚的主观色彩，受到一些心理效应的影响，导致认识偏差。人际关系中导致认知发生偏差的心理效应有五种。

（一）首因效应

首因效应又称第一印象效应，指交往双方形成的第一印象对今后交往关系的影响。第一印象并非总是正确的，但却是最鲜明、最牢固的。首因效应在人际交往中表现为我们常说的"先入为主"。比如一位刚入大学的同学在班会上的自我介绍，出色的表现会在同学的头脑中留下强有力的第一印象，即使以后他的表现不如以前，大家都会认为不是能力问题，而是不够尽力；相反，要扭转不好的第一印象往往需要很长时间。因此，在人际交往中留给人们的第一印象是十分重要的，无论好坏，都不容易改变。

（二）近因效应

近因效应指的是最后的印象对人们的认知产生的影响。最后留下的印象往往是最深刻的印象，这也就是心理学阐释的"后摄作用"。近因效应在人际交往中普遍存在，如某人平时表现很好，可一旦做了一件错事，就容易给别人留下很深的负面印象。

在对陌生人的认知中，首因效应比较明显；而在对熟人的认知中，近因效应比较明显。

（三）光环效应

光环效应又称晕轮效应，指人们在评价他人时，常基于某个局部特征（好或者坏）形成整体认知。这种认知偏差如同月光晕轮般，由核心特质向外延展形成整体印象。光环效应实际上是个人主观推断泛化的结果。

在人际关系中，光环效应易导致认知偏差，如片面判断和情感泛化现象。典型表现为"管中窥豹""爱屋及乌"式的误判，例如认为正直者必然兼具诚信、严谨等品质。值得注意的是，外表吸引力会引发显著的光环效应，容貌出众者常在无关特质如品性、才智等方面获得更高评价。

（四）投射效应

投射效应也叫自我投射效应，即以己度人，形成对别人的印象时总是假设他人与自己有相同的倾向，即把自己的特性投射到其他人身上。"以小人之心，度君子之腹"就是投射效应的典型例子。

由于投射效应的作用，人际交往中很容易产生误解。如有的人对自己感兴趣的东西，也以为别人同样感兴趣，便高谈阔论讲个没完；喜欢嫉妒的人常常将他人行为的动机归纳为嫉妒，如果别人对他稍有不恭敬，便觉得别人在嫉妒自己。

（五）刻板印象

商人常被认为奸诈，有"无商不奸"之说；教授常被认为是白发苍苍、文质彬彬的老人；江南一带的人往往被认为是温婉清秀的，北方人则被认为是性情豪爽的……我们在认识和判断他人时，并不是把个体作为独立的对象来认识，而总是把他看成某一类人中的一员，使得他既有个性又有共性，很容易认为他具有某一类人的所有品质。当我们把人笼统地划分为固定的、概括的类型时，刻板印象就形成了。

在人际交往中，刻板印象是指人们往往习惯于机械地将交往对象归于某一类群体中，把对该类群体的评价强加于他，从而影响正常的认知。刻板效应有很大的负面效应，让人产生判断上的偏差和认识上的错觉，是各种偏见产生的根源，会阻碍人与人之间深入细致的交流。如有的大学生认为家庭社会地位高的学生傲气、不好相处等，这种刻板印象就容易妨碍大学生正常人际关系的形成。

三、善用交往技巧

（一）换位思考

一般而言，善于交际的人，往往善于发现他人的价值，懂得尊重他人，愿意信任他人，能容忍他人有不同的观点和行为，不斤斤计较他人的过失，尽可能地帮助他人而不是指责他人。换位思考对建立良好的人际关系有着十分重要的作用。大学生在为人处世上也要懂得"己所不欲，勿施于人"，懂得不强求他人，懂得寻求与他人的共同点。多站在对方的角度思考问题，有助于建立良好的人际关系。

【案例讨论】

小李大学刚毕业时，意气风发、踌躇满志，立志要干一番事业。可入职某公司三个月后，他就决定辞职。这件事情被他的好朋友小唐知道了，小唐问道："你所在的这家公司很有名气，我觉得你在这家公司的发展空间很大，为什么一定要辞职呢？"

"因为部门的同事都是小心眼，个个鼠目寸光，并且所有的同事都看我不顺眼，处处跟我作对。最重要的是，经理是个无能之辈，在他手下，我觉得没有出头之日，要是不辞职，迟早要崩溃！"小李有些愤怒。

"为什么这么说呢？"小唐继续问。

"经理总是将活儿推给大家，自己什么都不干，你说他有什么本事？同事也总是给我很多的活儿，还有，他们老是嘲笑我。"小李说。

"如果你是经理，你会怎么做呢？"小唐问。

"我不知道，我也没必要知道，我又不是经理。"小李说。

"作为商学院毕业生，你应该明白，作为管理者，他的主要任务不是冲到一线，而是要解决下属工作中的困难，为本部门争取到更多的资源。他不能像其他人一样什么都干。这是由经理角色决定的。"小唐说。

"可是，他也总不能把什么事情都分给我们干吧？"小李的语气虽然有些缓和，但还是一脸不服。

"那你说他每天都在干什么？是喝茶、看电视剧、聊天吗？我想不是。你应该站在他的位置上想想，为了协调部门内部的工作，他需要做些什么；为了协调部门间的工作，他又需要做些什么；为了解决下属遇到的问题，他需要采取什么措施；他还要预测工作中会出现的问题等，这些都是他的职责。他怎么会什么都没干呢？"小唐反问。

小李沉默不语了。

智慧点拨

很明显，小李在工作中总是抱怨别人的不是，认为自己受了很大的委屈，交际理念也出现了问题，他总以一种不正确的眼光来看待领导。小唐给他的建议就是当遇到问题时，要换位思考，不要总想着自己干了什么，而要看到别人的成绩。

（二）定位自己的角色

角色理论指出，生活就像一个大舞台，我们每个人都在上面扮演一定的角色。随着时间、场合的变化及交往对象的改变，角色也不断地变换。例如，在父母面前，你是儿女；在商店里，你是顾客；在老师面前，你是学生。善于变换角色，自觉适应环境，明白在各种具体场合下别人期望自己做什么，并努力按要求去做好，是建立良好人际关系的必备条件，而且也能减少自己的烦恼和痛苦，活得更潇洒、更自在。

（三）主动交往

在社会交往中，那些主动发起交往的人，在人际关系上较为自信。特别是当面临人际危机时，主动解释，消除误解，对重新建立良好的人际关系非常重要。人们无法做到主动交往的原因有两点。一是缺乏自信，担心遭到拒绝。事实上，问题远没有我们想象的那么严重，因为大家都需要人际关系来支持陌生情境。二是人们在人际关系方面有许多误解，如"先同别人打招呼就会低人一等""善于交往的人都是世故、圆滑的""我如此麻烦别人，别人会认为我无能"等。

（四）多谈别人感兴趣的话题

在交往中，双方的信念、价值观、态度、兴趣、爱好及背景越相似，越能相互吸引。谈别人感兴趣的话题，可以激发对方的热情，增加对方对你的接纳和喜爱。如果你谈的内容对方一无所知或不感兴趣，他就会感到厌倦、无聊，甚至感到被冷落，双方就很难继续交往下去。大学生在与人交往的过程中切忌为了展示自己的才气而自说自话，也不要只顾谈自己感兴趣的话题，而不顾对方的感受，这样会给对方很大的压力，导致冷场；大学生也要扩大自己的知识面，培养自己多方面的兴趣、爱好，同时善于观察、判断交谈对象感兴趣的话题。

（五）成为良好的倾听者

在人际沟通中，有时听比说更重要，要正确理解别人，必须先听懂对方。善于"倾听"，首先要把自己的想法暂时搁置在一边，不要带着自己的情绪去听，设身处地才能真正听懂；再者，不仅要听对方描述的事情，还要注意对方表露的感情和态度；最后要恰当地回应，用眼神、点头、鼓励性语言表达自己的兴趣和理解，不明白时要礼貌地询问对方真正的意思，以免曲解。专注地倾听能让对方感到自己的重要，能鼓励对方表达自己的想法，能促进真诚的沟通，产生良好的沟通效果。

（六）学会感激和赞美他人

心理学家认为，赞美能释放一个人身上的能量，调动人的积极性。人人都喜欢被别人赞美。需要注意的是，赞美不是溜须拍马、阿谀奉承，赞美要真诚、适时适度。如果不分时间、地点、场合，随意地赞美别人，那样你的赞美就会变得苍白无力。要赞美别人，首先要选准角度，选择别人身上的闪光点；其次要明确内容，不要泛泛而谈，要具体到某一方面；最后要语言真诚，言不由衷只会让人生厌。

感激是人情的回报，它有多种表现形式，可以是物质的、精神的、行动的。感激会让对方感到你没有忘记他对你的关照，觉得他在你心目中有一定的位置，从而更加愿意与你交往，形成良性互动。

（七）适度地自我暴露

心理学家发现，良好的人际关系是在人们的自我暴露水平不断增加的过程中发展起来的。随着相互关系的增进，我们会越来越多地暴露自己，同时也要求别人越来越多地暴露自己。可以说，自我暴露程度是交往深度的一种标志。自我暴露水平可以分为以下几个层次：第一层是兴趣、爱好；第二层是态度，如对某人的评价及对事物的看法；第三层是自己与别人的关系及自我概念，如我们与父母的感情、个人的自卑体验等，这是不愿轻易向别人吐露的，属于最深层的自我，是我们常说的隐私。

当我们想让人际关系升温时，适度地自我暴露不失为一种十分有效的方法。倾诉一点儿自己内心深处的烦恼，吐露一点儿不为人知的小秘密，能让对方感到深受信任。出于交往中的对等原则，对方通常也会向你倾吐心声。一旦有过这样的交流，双方都会视彼此为知己。当然，这一技巧的关键在于"适度"。对关系一般的人吐露自己的秘密，在一定程度上要冒一些风险。所以，说什么、说多少、说到什么程度等，都需要把握好，否则就会弄巧成拙。

【素养看点】

将相和

战国时期，赵王得到稀世珍宝和氏璧，秦王得知后，假意提出以十五座城池交换。在满朝文武束手无策之际，蔺相如挺身而出，带着和氏璧前往秦国。他凭借过人的胆识与智慧，识破秦王欲强占宝玉的阴谋，先是以璧有瑕疵为由取回和氏璧，继而以撞碎宝玉相要挟，迫使秦王放弃无理要求。随后，他暗中安排人将和氏璧安全送回赵国，自己则从容应对秦王的刁难，最终全身而退。此番"完璧归赵"的壮举，让蔺相如被封为上大夫。

几年后，秦王约赵王在渑池会面，实则暗藏挑衅之意。蔺相如再次陪同赵王前往，廉颇则在边境部署重兵，严阵以待，形成内外呼应之势。会面中，秦王故意让赵王鼓瑟，并命人记录下来，以此羞辱赵国。蔺相如当即挺身而出，强硬要求秦王为赵王击缶，在秦王拒绝时，他以死相逼，寸步不让，最终迫使秦王妥协。这次渑池之会，蔺相如再次维护了赵国的尊严，因功被封为上卿，职位甚至超过了战功赫赫的廉颇。

廉颇自认身经百战，为赵国立下汗马功劳，而蔺相如仅凭口舌之功便位居自己之上，心中愤愤难平，甚至扬言要当众羞辱蔺相如。蔺相如得知后，却选择了处处避让。他的门客不解，认为这是懦弱的表现，蔺相如却解释道："秦王之所以不敢轻易侵犯赵国，正是因为有我和廉颇将军在。如果我们两人争斗不休，秦国必然会趁机来犯，到那时，国家危矣。我避让廉颇将军，是把国家利益放在个人恩怨之上。"

这番话传到廉颇耳中，如同一记重锤敲醒了他。他幡然醒悟，意识到自己的狭隘与鲁莽险些危及国家安全，内心充满了羞愧。于是，他毅然脱下战袍，背上象征惩罚的荆条，亲自来到蔺相如的府邸请罪。面对廉颇的诚恳致歉，蔺相如毫无芥蒂，热情地迎接他。两人间所有的隔阂烟消云散，从此结为生死与共的挚友。

【心理测试】

大学生人际关系综合诊断量表

回答以下28个问题，如果是则打"√"，如果不是则打"×"。

1. 关于自己的烦恼有口难言（　　）

2. 和陌生人见面感觉不自然（　　）

3. 过分地羡慕和妒忌别人（　　）

4. 与异性交往太少（　　）

5. 对连续不断的会谈感到困难（　　）

6. 在社交场合感到紧张（　　）

7. 经常伤害别人（　　）

8. 与异性来往感觉不自然（　　）

9. 与一大群朋友在一起，常感到孤寂或失落（　　）

10. 极易受窘（　　）

11. 与别人不能和睦相处（　　）

12. 不知道与异性相处如何适可而止（　　）

13. 当不熟悉的人对自己倾诉他的生平遭遇以求同情时，自己常感到不自在（　　）

14. 担心别人对自己有什么坏印象（　　）

15. 总是尽力使别人赏识自己（　　）

16. 暗自思慕异性（　　）

17. 时常避免表达自己的感受（　　）

18. 对自己的仪表（容貌）缺乏信心（　　）

19. 讨厌某人或被某人讨厌（　　）

20. 瞧不起异性（　　）

21. 不能专注地倾听（　　）

22. 自己的烦恼无人可倾诉（　　）

23. 受别人排斥与冷落（　　）

24. 被异性瞧不起（　　）

25. 不能广泛地听取各种意见、看法（　　）

26. 自己常因受伤害而暗自伤心（　　）

27. 常被别人谈论、愚弄（　　）

28. 与异性交往时不知如何更好地相处（　　　）

【评分标准】

打"√"的给1分，打"×"的给0分。

【测查结果的解释】

总分0～8分。你在与朋友相处上的困扰较少。你善于交谈，性格比较开朗，主动关心别人，对朋友都比较好，愿意和他们在一起，他们也都喜欢你，你们相处得不错。而且，你能够从与朋友相处中得到许多乐趣。你的生活是比较充实而且丰富多彩的，你与异性朋友也相处得很好。你不存在或较少存在交友方面的困扰，你善于与朋友相处，人缘很好，获得许多人的好感与赞同。

总分9～14分。你与朋友相处存在一定的困扰。你的人缘很一般，换句话说，你和朋友的关系并不牢固，时好时坏，经常处在一种起伏波动的状态之中。

总分15～20分。你在同朋友相处上困扰较严重。

总分超过20分。则表明你的人际关系困扰程度很严重，而且在心理上出现较为明显的障碍。你可能不善于交谈，也可能是一个性格孤僻的人，不开朗，或者有明显的自高自大、讨人嫌的行为。

下面根据各个小栏上的得分，可具体说明受测者与朋友相处的困扰行为及其纠正方法。

I	题目	1	5	9	13	17	21	25	小计:
II	题目	2	6	10	14	18	22	26	小计:
III	题目	3	7	11	15	19	23	27	小计:
IV	题目	4	8	12	16	20	24	28	小计:

【评分标准】

打"√"的给1分，打"×"的给0分。

【测查结果的解释】

Ⅰ行——显示受测者在交谈方面的困扰程度

6分以上。受测者不善于交谈，只有在极需要的情况下才同别人交谈，总难于表达自己的感受，无论是愉快还是烦恼；受测者不是个很好的倾听者，往往无法专心听别人说话或只对单独的话题感兴趣。

3～5分。受测者的交谈能力一般，能够诉说自己的感受，但不能讲得条理清晰。如果受测者与对方不太熟悉，开始时往往表现得比较拘谨与沉默，不太愿意与对方交谈。但这种状况一般不会持续太久。经过一段时间的接触，受测者可能会主动与人搭话，这方面的困扰便会随之减轻或消除。

0～2分。受测者有较高的交谈能力和技巧，善于利用恰当的说话方式来交流思想感情，因而在与别人建立友情时往往更容易获得成功。

Ⅱ行——显示出受测者在交际与交友方面的困扰程度

6分以上。受测者在社交活动与交友方面存在严重的行为困扰。例如，在正常集体活动与社交场合，比大多数同伴更为拘谨；在有陌生人或老师在场时，往往感到更加紧张；往往过多考虑自己的形象而使自己处于越来越被动和孤立的境地。

3～5分。受测者在社交与交友方面存在一定的困扰。受测者不喜欢一个人待着，需要和朋友在一起，但不善于创造条件并积极主动地寻找知心朋友。

0～2分。受测者对人较为真诚和热情，不存在人际交往困扰。

Ⅲ行——显示出受测者在待人接物方面的困扰程度

6分以上。受测者缺乏待人接物的机智与技巧。在实际的人际交往中，受测者也许会有意无意地伤害别人，或者过分羡慕别人以至嫉妒别人。因此可能会受到别人的排斥。

3～5分。受测者是个多面的人，也许是较圆滑的人。对待不同的人，受测者有不同的态度，而不同的人对受测者也有不同的评价。受测者的朋友关系某些方面是和谐的、良好的，某些方面却是紧张的、恶劣的。受测者的情绪很不稳定，内心极不平衡，常常处于矛盾状态中。

0～2分。受测者较尊重别人，敢于承担责任，对环境的适应性强。受测者以真诚、宽容、责任心强等个性特点获得众人的好感与赞同。

Ⅳ行——显示出受测者同异性交往的困扰程度

5分以上。受测者在与异性交往的过程中存在较为严重的困扰。受测者或者对异性存有过分的思慕，或者对异性持有偏见，又或者是不知如何把握好与异性交往的分寸而陷入困扰之中。

3～4分。受测者与异性交往的行为困扰程度一般。受测者有时可能觉得与异性交往是一件愉快的事，有时又可能觉得这种交往似乎是一种负担，不知道如何与异性交往最适宜。

0～2分。受测者知道如何正确处理与异性之间的关系。受测者对异性持公正的态度，能大方自然地与他（她）们交往，并且在与异性交往中，学到了许多从同性那里学不到的东西。受测者可能是一个比较受欢迎的人。无论是同性还是异性，多数人都比较喜欢和赞赏受测者。

【活动设计】
梳理朋友圈

梳理交际圈，依据人际关系网络的类型，梳理自己的朋友圈，并按照亲密程度由高到低列出朋友的名字。

（1）非同龄人：_____，数量_____人。

（2）同龄人，包括

舍友：_____，数量_____人；

同学：_____，数量_____人；

其他：_____，数量_____人。

请将以上的朋友分类为以下四类，并按照密切程度，由高到低写出他们的名字。

（1）能分享快乐与痛苦的知心之友：_____，数量_____人。

（2）能鞭策自己的德高之友：_____，数量_____人。

（3）能合作做事情的志同之友：_____，数量_____人。

（4）能交流思想的学问之友：_____，数量_____人。

完成以上梳理工作后，思考以下问题。

（1）哪种类型的朋友人数最多、质量最好，对我的性格、学业和未来发展帮助最大？

（2）我的人际网络有哪些空白（哪种类型的朋友人数相对较少）？

（3）在哪个朋友圈里，我感觉比较如鱼得水？在哪个朋友圈里，我感觉不太自在？

（4）在与他人的交往中，我存在哪些问题？这些问题对我的人际网络的形成和发展造成了哪些影响？

（5）我该如何填补人际网络的空白？如何维持和发展好的朋友圈？

本章推荐资源

第八章 大学生恋爱心理与性心理

　　小刘是某大学的大三学生，有一个相恋两年的同班男友，但半个月前男友提出了分手。在这半个月里，小刘整日精神恍惚、茶饭不思。往事历历在目，爱情的誓言还在耳畔回荡，小刘越想越不明白，自己那么爱男友，对他百依百顺，为什么还留不住他的心？到底什么是爱情？世界上究竟有没有爱情？自己还能相信爱情吗？

　　大学生在思想上已趋于独立，对待爱情也有了自己的见解，大学生恋爱在如今的大学校园已较为普遍。如果大学生能够理智地对待爱情，较好地处理爱情与学习、生活等方面的关系，就能获得学业、爱情双丰收。

① 认识爱情的定义；
② 理解大学生恋爱的心理特点；
③ 理解大学生性心理的特点；
④ 掌握恋爱心理的调适；
⑤ 掌握健康恋爱观的培养。

大学生恋爱特点　　性心理健康标准　　健康的恋爱观

一、爱情的概念与特征

（一）爱情是什么

爱情是人类最美好和最深沉的感情，是人类最富魅力的社会现象。从古至今多少文人墨客乃至专家学者都试图探究其内在的本质。爱情也一直是哲学、宗教、心理学、美学和社会学等许多领域的课题之一。

古希腊哲学家苏格拉底认为，爱情是爱一切的善，是一种动人的欲望。

英国哲学家休谟认为，爱情是人的自然本性，是"美貌""肉欲""好感"三种情感的结合。

德国哲学家黑格尔认为，爱情是男女双方心灵和精神上的统一。

精神分析学派的弗洛伊德认为，爱情是性本能的表达与升华。

那么，爱情究竟是什么呢？

本书采用社会心理学的爱情概念，对爱情进行定义，即爱情是指双方基于一定的社会关系和共同的生活理想，在各自内心形成的对对方的倾慕，并渴望对方成为自己终身伴侣的强烈、专一和稳定的情感。爱情是人类特有的一种高尚的精神生活，是精神升华的产物。也就是说，爱情包含三个层面的内容：生理层面、心理层面和社会层面。生理层面是指爱情是一种生物本能，这种本能促使两人形成强烈的相互结合的愿望；心理层面是指爱情是一种高尚的情操，健康的爱情使人身心愉悦；社会层面是指爱情是一种社会现象，受社会道德和法律的约束。

总结来说，爱情是以性爱为基础高度升华而成的人类崇高的社会性情感，是两性的一种特殊的社会关系，是建立在生理、心理和社会综合需要上的稳定而持久的情感。

【扩展阅读】

爱情三角理论

美国心理学家斯滕伯格（Robert J. Sternberg）提出的爱情三角理论是解释爱情本质的经典模型，该理论于1986年提出。该理论认为，亲密（Intimacy）、激情（Passion）、承诺（Commitment）三个核心成分构成"爱情三角形"，不同成分的组合衍生出多种爱情类型。

1. 三大核心成分

亲密（intimacy）：指两人之间的情感联结，表现为温暖、信任、分享、理解与支持。例如，朋友间的深度交流、伴侣间的相互依赖，均属于亲密的范畴（"温暖"的成分）。

激情（passion）：以生理吸引为核心的强烈情感，表现为性冲动、渴望结合或情绪上的着迷。

例如，初恋时的心跳加速、旅行偶遇时的心动，均属于激情（"热烈"的成分）。

承诺（commitment）：对关系的理性决策与长期维持，包括短期（决定爱一个人）和长期（坚守关系、共同规划未来）两个维度。例如，包办婚姻中的责任、长期伴侣的相互扶持，均属于承诺（"冷静"的成分）。

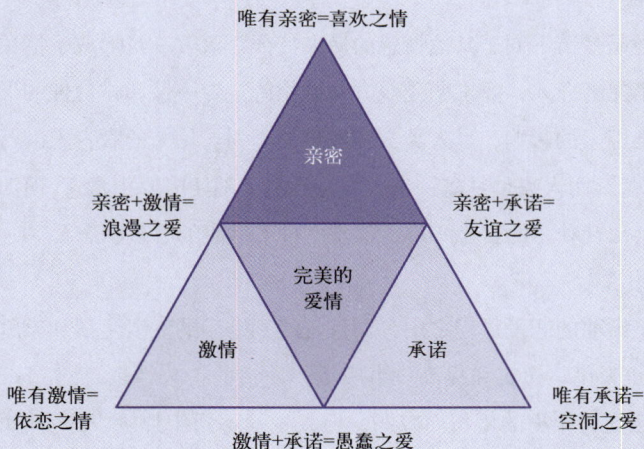

2. 爱情的类型

类型	成分组合	特征
无爱	无亲密、无激情、无承诺	路人甲式的关系，如普通熟人或陌生人，无情感联结
喜欢	有亲密、无激情、无承诺	纯粹的友谊，如挚友间的分享与支持，无性吸引或长期承诺
迷恋	有激情、无亲密、无承诺	短暂的"一见钟情"，如荷尔蒙驱动的短期吸引，缺乏深度情感联结
空洞之爱	无亲密、无激情、有承诺	仅靠责任或义务维持的关系，如传统包办婚姻（无情感或性吸引）
浪漫之爱	有亲密、有激情、无承诺	浪漫的"灵魂伴侣"，如旅行偶遇的心动，有情感与性吸引但无长期规划
伴侣之爱	有亲密、有承诺、无激情	长期的稳定关系，如老年伴侣的相互扶持（激情消退但情感深厚）
愚昧之爱	有激情、有承诺、无亲密	冒险的"闪恋闪婚"，如仅因性吸引或冲动而结合，缺乏情感联结
完美之爱	有亲密、有激情、有承诺	理想的"三合一"爱情，如长期伴侣的"灵魂+肉体+责任"结合

（二）爱情的特征

1. 自主性和直觉性

真正的爱情是不可强求的，只能以当事人双方的互爱为前提，当事人既是爱者又是被爱者。在爱情发展中，男女双方处于平等互爱的地位。

直觉在爱情的产生中起着重要的作用，恋爱中的人往往带有很强的非理性因素。人们常说的一见钟情，往往都是直觉在起作用。青年人往往对人的外显部分如外貌、体态、着装、言语、工作能力等有较多关注，更容易对他人一见钟情或相处时间很短就发展为爱情关系。但爱情的直觉性也容易导致肤浅和盲目。因此，要合理把握直觉在爱情中的作用。

2. 专一性和排他性

专一性和排他性是爱情不同于其他情感的最大特征。双方一旦形成爱情关系，就会要求相互忠贞，就不容许有第三者介入，要求恋爱双方真诚相待。专一性和排他性的形成既受人类动物本能的影响，也受社会因素的影响，是人类文明进步的产物。伟大的教育家陶行知曾经很形象地说过："爱情之酒甜而苦，两人喝是甘露，三人喝是酸醋，随便喝要中毒。"但如果对爱情这一特性理解过于狭隘，就会出现独占的自私心理，这是一种不健康的心理状态。

3. 持久性和阶段性

爱情不仅存在于婚前的恋爱过程之中，而且延续到婚后的夫妻生活和家庭生活。爱情的持久性表现在爱情的不断深化、充实和提高。事实上，爱情的持久性也是建立和保持婚姻关系的基础。真正的爱情不会随着年岁的增长而减弱，但人生的不同年龄阶段，爱情的表现会有所不同，具有阶段性。

4. 社会性和道德性

爱情虽然是男女之间相互爱慕的个人感情，但具有丰富的社会内容。爱情的内涵、本质以及追求爱情的方式，必然要受到各种社会关系及社会因素的影响。爱情的道德性是指爱情中蕴含着对对方的义务感和责任心。

（三）爱情与友情的区别与联系

在今天的大学校园里，男女同学融洽相处，学习上互相关心和帮助已成为极平常的事。据调查，大学生中的异性交友率（爱情和非爱情的）已经和同性交友率不相上下。很多大学生都认为，和异性正常交朋友，可以优化个性，有利于提高自己的心理承受能力和适应生活的能力，也能避免同性之间的摩擦。这可能代表了相当一部分大学生的交友观念。

友谊与爱情既有区别也有联系。友谊是共同的，越多越好，友谊不具有性的因素，也不具有排他性；爱情是专一的，因而具有排他性。在大学生中，友谊具有发展为爱情的可能，但并不必然引发爱情。即使是可以发展成爱情的友谊，也需要一定的条件和时间，把握适当的时机，不能急于求成。把握友谊和爱情的界限，控制感情发展的分寸，对大学生有重要意义。

怎样较为准确地把握友谊与爱情的界限？有几条简单的原则可供参考：①如果总想避开朋友或熟人单独相处，则说明你们的关系已从友情偏向了爱情，起码在爱情与友谊之间摇摆；②如果对异性朋友感到有一种欲求相见而不能的焦虑、不安，说明已到了与对方不愿意分离的地步，而在友谊关系下是不会有这种感觉的；③如果对对方的长相、服饰突然产生了极大的兴趣，如评价对方哪种打扮好看，哪种姿势优雅，那可能已经离开了友谊的轨道。

【案例讨论】

张广和罗小曼是某高校二年级的同班同学。罗小曼热情大方，特别喜欢帮助别人，深受同学们的喜爱。张广是一个品学兼优但家境贫寒的学生，平时的生活十分俭朴。

罗小曼是本市的学生，所以周末都会回家吃饭。一次，罗小曼回家吃妈妈包的饺子时，突然想起了"铁哥们儿"张广，想到张广吃不到家里做的饭菜，她的热心肠又活跃起来。她吃完饭后，用家里的保温桶给张广装了一份饺子。当她把饺子放到张广面前时，张广眼中满是感激，他觉得罗小曼真是个不错的朋友。但是旁边的一位男同学看到后，却酸溜溜地说："哟，真不错，饺子还热乎呢，这后勤工作做得不错啊。"他还对张广说："女朋友这么好，还舍得搞地下情啊，还不告诉哥们儿一声。"听到他这么说，其他同学都哈哈大笑起来，这让罗小曼和张广非常尴尬。

智慧点拨

张广和罗小曼可以说是一对好朋友，罗小曼天生热心肠。但是其他同学却将这种同学之间的友情狭隘地理解成了爱情，这是一种错误的看法。要理解友情和爱情的区别，不要随便定义别人的感情，以免破坏了朋友之间纯洁的友谊。

二、大学生恋爱的动因和类型

（一）大学生恋爱的动因

1. 生理发育成熟

现代科学研究证明，性腺的活跃程度和生命力是爱情的生理基础。大学生正处于青春发育期，伴随着性生理的成熟，自然会对异性产生思慕，这是大学生恋爱的自然前提和生理基础。

2. 情感需要

中学阶段由于升学的压力、家长和老师的管制而被暂时压抑的丰富的青春期情感进入大学后得以释放，大学生自我形象逐渐清晰，渴望情感需要的满足，而恋爱则是其情感需要满足的一种重要方式。

3. 从众心理

经常会出现这样的现象：宿舍里一旦有人恋爱，其他人很快也开始恋爱，这是从众心理的表现。有些大学生本来没有谈恋爱的想法，但是身边同学的恋爱行为会引发自身恋爱的意识和行为。

（二）大学生恋爱的类型

1. 慰藉型

处在青春期的大学生渴求社会与他人的理解。当周围的环境不能消除其惆怅和孤独感时，部分大学生常以恋爱的方式寻找心理慰藉，以排内心的孤独。

2. 友情型

有的恋人在上大学之前就是很好的朋友，考上大学后发展为恋爱关系。这种恋爱关系发展较稳定，成功率也较高。

3. 理想型

理想型恋爱的大学生往往缺乏冷静思考，对爱情充满理想色彩，一旦认定某个人与自己理想中的形象相吻合，就会不顾一切地去追求。这类大学生容易将爱情理想化，情感比较脆弱，一旦遭受挫折便会非常痛苦，易出现心理障碍。

4. 志趣相投型

志趣相投型恋爱的大学生一般把感情融洽、志趣相投、事业成功等作为恋爱的基础。这种类型的恋爱双方互相尊重，感情热烈，行为端庄，注重思想上的沟通，以和谐的精神生活和学业的共同追求为满足。

5. 功利型

功利型恋爱是一种非常势利的实用主义恋爱类型。有的大学生恋爱看的是对方的物质条件，或对方家庭的名利、地位等。这类大学生往往基于利益关系而恋爱，把爱情当作谋取功利的手段，无真正的爱情可言。

6. 情欲型

有些大学生自我控制能力较弱，追求性刺激，以满足性欲望为目的与人交往、恋爱，有的甚至把恋爱当作娱乐。这类大学生只注重对方的外表，追求感官上的愉悦，忽视或无视爱情中应有的伦理因素，是一种不健康的恋爱类型。

三、大学生恋爱的心理过程和心理特点

（一）大学生恋爱的心理过程

一般来说，大学生爱情的产生和发展，大致要经过好感、爱慕和相爱等阶段。

1. 好感

好感是指在人际交往中产生的一种彼此欣赏的情感体验。大学生在学习、工作和生活中，通过相互接触，产生希望与彼此进一步接触的想法，这就是好感。双方的好感会增强彼此的吸引力，形成一种内在动力，促使双方接近和交流情感。

2. 爱慕

爱慕是指男女之间在好感的基础上，通过对对方的爱好、志趣、性格、为人等方面的进一步

了解产生的更深刻的情感体验。这种情感体验会催生出与对方结合的强烈情感倾向，并在理智支配下，发展成对对方的爱慕之情。

3. 相爱

男女之间单方面的爱慕还不是爱情，只有相互爱慕，爱情才能建立。在恋爱中，从单方爱慕到相互爱慕，有时可能是同步的，有时也可能是不同步的，只要双方互有情愫，无论是谁先打开自己的心扉，相信最终都会赢得对方的回应，并开出绚丽的爱情之花。

（二）大学生恋爱的特殊心理特征

与成熟个体的恋爱相比，大学生恋爱有一些特殊的心理特征。

1. 盲目性和冲动性

从高中压抑、紧张的学习环境中脱离后，大学生希望能够在大学好好学习的同时体验甜蜜的爱情。这使部分大学生凭借一时的冲动与好感就草率地与对方表白并确立关系，而忽略了理性的思考与判断，同时在选择对象的标准上也偏向于重外表而轻内在。也有部分大学生对恋爱的认识还不成熟，没有理解恋爱的本质和意义，无法区分好感、友情与爱情，简单地把对对方的好感、友情当作爱情。以上原因造成了大学生恋爱的盲目性和冲动性。

2. 自主性与浪漫性

大学生崇尚自由，平等权利与平等价值观突出，反映在恋爱上即重感情、易冲动，不受传统习俗的局限。在确定恋爱关系前，甚至在确定恋爱关系后，大学生一般不会征求双方父母的意见，显示出较强的自主性。另外，大学生的恋爱也非常注重浪漫感，追求恋爱过程的梦幻与热烈。

3. 不稳定性与不成熟性

大学生生活阅历较浅，思想相对单纯，人生目标还没有清晰和准确的定位，对爱情的认识也不够深刻，其恋爱心理表现出不稳定和不成熟的特点。首先，大学生恋爱的盲目性在很大程度上导致大学生恋爱的不稳定，大学生的爱情往往经不起挫折和困难的考验。再者，有些大学生认为恋爱只在乎此时此刻的快乐，并没有为恋爱双方的将来做长远的打算。对恋爱责任与承诺的缺失使大学阶段的爱情根基不牢，抗风险能力较弱，稳定性较差。

4. 开放性与多样性

随着社会的发展，大学生的恋爱观念与行为显得更为开放，恋爱方式更为热烈洒脱。对于婚前性行为、婚前同居等现象，大学生的态度趋于宽容和接受，恋爱行为也比较公开。同时，大学生恋爱的目的与方式也越来越多样化，例如，网络的发展催生了网恋。

四、大学生恋爱中常见的心理效应

（一）光晕心理

光晕心理又称光环效应，是指个体对某个人的整体印象直接影响到对此人具体特征的认识和评价的一种心理现象。恋爱初期常会把恋爱对象理想化、完美化和偶像化，就是一种光晕心理。

光晕心理在恋爱中往往会使当事人不能客观地认识他人，产生感情上的错觉。随着时间的推移，感情冲动逐渐平静，情感光环消失，便会发现眼前人并不完美，甚至毛病百出，心里便会产生受骗的感觉，甚至造成爱情的悲剧。

大学生想要克服光晕心理，首先对待他人和自己的感情要持一种冷静、客观与全面的审视态度，防止感情用事；其次要丰富自己的社会阅历，积累生活经验，提高自己的分析和辨识能力；最后也要在学习、工作、生活中增进了解。

（二）逆反心理

逆反心理是指因客观现实与个人主观需要不相符，主体产生强烈的抵触情绪，从而引发的一种负面的心理活动倾向。逆反心理是大学生恋爱过程中常见的心理问题之一。例如，如果恋爱受到双方父母的反对或其他不利因素的阻挠，彼此相爱的态度反而会更加坚决，关系更加紧密，难舍难分；有的大学生对狂热的追求者不予理睬，反而倾心于冷落他的人，在心理学中，此类现象又被称为"罗密欧与朱丽叶效应"。逆反心理在恋爱中虽不能被认为是一种消极心理，但不可否认的是它对恋爱有着不良影响和干扰。在恋爱中，当客观情况与主观需要相抵触时，大学生要注意审视自己的感情，防止产生逆反心理。

（三）自卑心理

自卑心理是大学生恋爱中常见的心理障碍。自卑感过强的人，在恋爱上，常会因怀疑自己的能力、惧怕自尊心受到伤害，而无法敞开心扉；一旦在恋爱中受到挫折，往往会采取自我封闭的方式逃避现实。克服恋爱中的自卑心理，大学生要客观认识与评价自我，正视自己的缺陷和弱点，愉悦地接纳自我，也要看到自己的优势，增强自信心。

第二节
大学生恋爱中常见的心理困扰及调适方法

恋爱在给人带来愉悦与幸福的同时，有时也会给人带来烦恼和痛苦。尤其是大学生，在经济上不独立、人格上不完善的时候谈恋爱，如果处理不当就有可能给恋爱双方都带来不好的影响，需要及时调节和疏导。

一、单相思

（一）单相思概述

单相思又称单恋，是指单方面的爱恋思慕。单相思是一种进入爱情的准备阶段，也有可能完全停留在这样的状态之中而无法得到发展。单相思者一旦发现对方无此情，往往会产生痛苦，昼思夜想，影响健康，严重时可导致精神疾病。单相思最大的心理误区是把暗恋对象过于美化。单相思固然能体验到某种虚幻的快乐，但更多会体验到情感的痛苦，因为无法向所爱的异性倾诉柔情，更得不到对方的回馈。

（二）单相思的调适方法

大学生应该正确认识爱情，爱情是双方相互悦纳，而不是单方面的意愿。处于单相思境地时，可以通过以下方法进行心理调适。第一，要冷静地思考，这种单相思是不是自己制造的假象，是否过于美化暗恋对象。第二，拿出十足的勇气，克服羞怯心理，勇敢地向对方表达爱意，对方若有意，则皆大欢喜；如果是对方无意，则面对现实，抛弃幻想。这不失为一种快刀斩乱麻的有效方法。第三，用理智进行情感的转移和升华，以获取心理平衡。明知道别人不爱自己还要执着地爱对方是"爱情固着"，可以扩大自己的生活圈子及人际交往，以理性的思考、坚强的意志转移自己的注意力。

二、失恋

（一）失恋概述

失恋是指恋爱中的一方出于某种原因不愿再保持彼此的恋爱关系，使另一方失去爱情，或者由于各种因素双方不得不中止恋爱关系。失恋会引起一些心理反应，如难堪、羞辱、失落、悲伤、孤独、绝望等，最主要的情绪是痛苦和烦恼。如果不良情绪得不到及时排解和转移，会严重影响大学生的身心健康。失恋可以说是人生中较为严重的心理挫折之一。

（二）失恋的调适方法

（1）**冷静、理智地分析失恋的原因**。以客观的态度看清双方之间的问题，有利于正视与接受恋爱终结的现实。对分手进行利弊分析，也许会发现分手未尝不是一件好事。

（2）**积极地调节不良情绪，适当地宣泄**。失恋后，大学生尽量不要把痛苦埋藏在心底，可以找亲朋好友诉说内心的痛苦；可以外出旅游，从大自然中寻求心理的慰藉；可以参加文体活动，转移自己的注意力；也可以将精力投入学习与工作中，获得精神寄托；必要时还可以主动寻求心理咨询机构的帮助和指导。但是应注意宣泄要有度，无休止地控诉只会让自己陷入无止境的消极情绪中。

三、多角恋

（一）多角恋概述

多角恋是指同时与两个或两个以上的人建立并保持恋爱关系。由于爱情具有排他性和专一性，所以无论何种多角恋都潜藏着极大的危险，一旦败露，就会给恋爱中的各方带来巨大的伤害。造成多角恋的原因主要有以下几个。

（1）**恋爱标准不明确**。部分大学生生活经验不足，没有较为明确的择偶标准，或者个性较举棋不定，不懂得拒绝，导致多角恋爱。

（2）恋爱动机不良。有的大学生恋爱动机不纯，为了满足自己的不同欲求，同多个对象交往。

（3）虚荣心作祟。有的大学生认为追求者越多，自己的身价也就越高。为了显示自己的不凡，同多个对象周旋，对别人和自己的情感不负责任。

（二）多角恋的调适方法

（1）明确自己的选择。面对可能的多角恋情况，当事人应当对自己的感情进行权衡，有所舍弃。

（2）端正自己的恋爱态度。同时和几个不同的对象交往是有违道德的。在恋爱过程中不仅要对自己负责，还要尊重对方的感情。

（3）分析自己与恋爱对象的关系。如果是自己的恋人陷入多角恋，要冷静地分析思考，与对方坦诚相对，该舍弃的时候要勇敢舍弃。

四、病态嫉妒

（一）病态性嫉妒概述

嫉妒是恋爱中非常常见的心理，表现形式多种多样，归纳起来有两种不同性质：自然性嫉妒和病态性嫉妒。自然性嫉妒是个体面临可能会失去对方的爱的危险时产生的正常反应。病态性嫉妒心理则伴随着控制欲和占有欲，突出表现为猜疑、敌意、报复等。

（二）病态嫉妒的调适方法

（1）要明确恋爱双方是完全平等的。容易嫉妒的人不能以平等的态度对待恋人，不尊重恋人的人格和自由。

（2）正确理解爱情的排他性与专一性。爱情是具有排他性和专一性的，但这种专一性恰好是对爱情权利和义务的道德承担，它与私欲和占有欲是完全不同的。

（3）用理智战胜情感。产生嫉妒时要学会冷静，不让嫉妒之火烧毁理智。爱情往往会因为理智而更加深厚，给对方一定的自由和空间是爱情的良药。

【案例讨论】

陈某，男，大二学生。第一次来到心理健康指导中心时，情绪低落，两眼无神，非常痛苦。原因是他的女朋友又要参加元旦联欢晚会了。去年的联欢晚会，他女朋友表演了唱歌，得到了许多男同学的赞美，现场就有三个男生献了鲜花。他当时对此耿耿于怀，不能原谅献花的同学。这次他极力地阻止女友参加晚会，为此女朋友和他提出分手。

第三节
大学生健康恋爱心理的培养

一、树立正确的爱情观

（一）提倡志同道合的爱情

在恋人的选择上，最重要的条件应该是志同道合，即思想品德、事业理想和生活情趣等大体一致。好的爱情应该是理想、道德、责任、义务、事业等的有机结合。只有志同道合，双方才能在恋爱的途中同舟共济、同甘共苦，也唯有志同道合的爱情才会有旺盛的生命力。

（二）摆正爱情在大学生活中的位置

大学生的主要人生任务是获取知识、学习技能。大学生应该把学习放在首位，不能把宝贵的时间都用于谈情说爱而荒废学业。大学生要明白，今天的学习与未来的事业息息相关，也是将来家庭美满的基础，抛开学业谈恋爱，不仅有碍学业、事业，也难以获得幸福的爱情。另外，如果大学生将过度强调爱情对人生命的支撑作用，可能会失去人格的独立性和魅力，失去被爱的理由。

（三）懂得爱情是一种责任和奉献

大学生在进入恋爱状态前就应该懂得，爱不仅是得到，更重要的是一种责任和奉献。个人对家庭、父母、孩子、朋友和伴侣的责任属于私人生活，是社会干预最为微弱的生活领域，主要依靠道德修养和自觉的责任感来维持。正因为如此，它也反映了一个人的人格形象。

二、培养爱的能力

（一）培养迎接爱和拒绝爱的能力

成熟的爱情以自爱为基础，知道自己需要怎样的爱，并且具有迎接爱、给予爱以及拒绝爱的能力。

一个人心中有了爱，在理智分析之后，要敢于表达、善于表达，这是一种迎接爱的能力。一个人面对别人的爱，也要及时准确地做出判断，并做出接受、拒绝或再观察的选择，这也是一种迎接爱的能力。大学生拒绝爱时要注意两个方面：一是面对不希望得到的爱情时，要果断、勇敢地说"不"，如果优柔寡断，任其发展，对双方都不利；二是要掌握恰当的拒绝方式，重视每一份真挚的感情既是对他人的尊重，也是一种自重，处理方法简单轻率，甚至恶语相加，会严重伤害对方的感情和自尊心。

拒绝爱的能力也包括终止恋爱的能力。随着了解的加深，如果发现对方并非自己理想的爱人时，也应勇敢提出终止恋爱，但应当讲究方式，谈恋爱时要真诚，提出分手时更要真诚，要注意以下几点：一是选择恰当的时机；二是既真诚又艺术地说明原因；三是不逃避责任；四是不拖泥带水。值得注意的是，终止恋爱关系不要给对方留有余地，比如"以兄妹相称""再相处一段试试看"等。

【小贴士】降低伤害的分手方式

恋人分手时可采取以下三种方法：一是面谈方式，选择适当的地方，见面说明，首先肯定对方在恋爱期间对自己的爱护与关怀，再表明分手的原因；二是书信方式，此方法有更大的缓冲余地，措辞也能更冷静、得体；三是寻求中介人，采用此方式需注意，中介人是对方信得过且尊重的人，可以顺势对其进行开导、安慰。

（二）培养给予爱和发展爱的能力

给予爱是从对方的角度考虑，如何让自己的爱使对方的生活更幸福，而不是一味地索取爱。爱并不是非要具体到对某人的爱，而可以是更广泛意义上的爱。培养发展爱的能力，就是要培养大学生无私的品格和奉献的精神，培养其善于处理矛盾的能力，使其能有效地化解恋爱和家庭生活中的矛盾纠纷，为恋人负责，为社会负责，这样才能创造出幸福美满的爱情。

【扩展阅读】

爱的五种语言

美国心理学家盖瑞·查普曼（Gary Chapman）提出的"爱的五种语言"理论，揭示了亲密关系中表达与感受爱的核心方式。通过理解这五种语言，伴侣可以更精准地满足对方的情感需求，从而构建更稳固、更幸福的关系。

1.肯定的言辞：用语言滋养心灵

肯定的言辞是情感的"催化剂"，真诚的赞美、鼓励和感谢能很好地传递爱意。研究表明，长期缺乏肯定的人容易陷入自我怀疑，甚至质疑关系的价值。对于这类伴侣，批评性语言的伤害尤为显著，而正向反馈能显著提升亲密感。

2.精心的时刻：专注陪伴，创造仪式感

高质量的陪伴需要双方全情投入，例如共同散步、深度对话或旅行。关键在于"屏蔽干扰"——放下手机、关掉电视,将注意力全部放到对方身上。一位妻子曾分享:"丈夫每周与我共进'无手机晚餐',哪怕只有半小时,都让我感受到被珍视。"这种仪式感能强化情感纽带,尤其在快节奏的现代生活中,能成为抵御疏离感的良药。

3. 接受礼物:心意比价值更重要

礼物是爱的视觉象征,核心在于"被看见"。一份贴心的小礼物——如伴侣提过的一本书、纪念日的一束花等,能瞬间点亮心情。需注意的是,送礼者常陷入"自我感动"的陷阱,例如为节俭的伴侣购买奢侈品,反而可能引发负面情绪。关键在于观察对方的喜好,而非自我表达。

4. 服务的行动:用行动代替承诺

服务的行动体现在日常细节中:主动承担家务、接送上下班、处理难题等。对行动型伴侣而言,这些实际付出比甜言蜜语更有分量。例如,一位丈夫因妻子工作繁忙,连续一周准备早餐,虽未多言,却让妻子感受到深切的关怀。这种爱的语言需要敏锐地察觉需求,并转化为具体行为。

5. 身体的接触:触碰传递安全感

从牵手到拥抱,肢体接触是无需言语的情感语言。对触觉敏感者而言,缺乏接触会引发孤独感,而适度的拥抱能迅速缓解焦虑。研究显示,伴侣间每日至少5次非功利性接触(如轻拍肩膀),能显著提升关系满意度。

三、提高恋爱挫折承受能力

大学生在恋爱中遇到挫折是在所难免的,提高恋爱挫折承受能力对大学生的心理健康是非常重要的。第一,大学生面对恋爱挫折要学习"问题定向性应对",即通过分析原因、总结经验教训、寻找解决问题的方法和途径来应对挫折。大学生应该认识到爱情虽然是生活的重要组成部分,但并不是生活的全部,爱情受挫后,应以理智来驾驭感情,分析原因,总结经验教训,寻找解决问题的方法和途径,在新的追求中确认和实现自己的价值。第二,大学生面对恋爱挫折要学会"情绪定向性应付",即通过适当的情绪调节和转移,如应用挫折合理化效应来减轻痛苦。

第四节
大学生的性心理概述

恋爱心理来源于性,性心理活动则是人类心理活动中最为重要的部分,性心理也是心理学非常重要的分支。著名的医学专家吴阶平院士曾说:性行为和性功能本质上不仅是生物学性质的,而且没有任何别的方面比性领域更能充分表现出精神和肉体之间的相互作用。性是诸多因素,包括自我力量、社会知识、个性和社会准则等与生理功能密切结合的一个高度复杂的体系。"

一、性的含义和属性

"性"是一个含义丰富、涉及范围广的名词，它既具有自然属性也具有社会属性。

作为自然属性的性，是指男女在生理构造上的差异和人生来就具有的性行为的欲望和本能，它是人类繁衍后代的必要条件。人的性需要，不仅包括生理性需要，也包括社会性需要。例如，择偶不仅是寻找一位伴侣，而且还要满足个人审美的需要、爱的需要、个人生活幸福与自我发展等方面的需要。

性是自然属性和社会属性的统一体，既受人类发展的生物规律的支配，又受人类社会文化发展条件和各种社会需要的制约。性的社会属性是人类文明进步和发展的结果。

二、大学生性心理活动的表现

（一）性渴望

进入青春期后，大学生由于性成熟，对性有了探索的欲望，他们对自己的性器官十分关注，渴望知道性需求产生的原因和满足的方式，也想知道异性身体的秘密，对性方面的问题有着强烈的好奇心。

（二）性冲动

性冲动是一种对性行为的欲望，它不仅限于性器官，而且还连及整个身体和整个心灵。性冲动是随着生理的发育、性功能的日趋成熟及性意识的产生而产生的。男女从进入青春期开始，都会产生性冲动，只是引起的原因有所不同。性冲动是正常的生理、心理现象，但大学生也要理性地控制自己的行为。

（三）性幻想

性幻想是指以虚构的与性有关的遐想来满足自己对性的一种心理需求，是人类最常见的性现象。每一个心智健全的人都会有这样那样的性幻想，只不过在出现频率、持续时间、内容、性质及对待它的态度等方面存在着较大的差异。性幻想在入睡前及睡醒后卧床的那段时间及在闲暇时出现较多。性幻想是性成熟过程中的一种正常的生理和心理现象，是性冲动的一种发泄方式，能够在一定程度上满足个体的性心理需求，让性心理冲突得以平息。

大学生对于出现性幻想不必紧张、焦虑、内疚，从某种程度上来说，性幻想是一个安全阀。但如果性幻想过于频繁而沉溺其中，过分依赖这种特殊的精神刺激，就会影响正常的学习和休息，甚至把幻想当成现实，属于不健康状态，应加以调节和克服。

（四）性梦

性梦，指的是具有性内容的梦境，本质上是一种不受控制的潜意识活动，是人类正常的性活动之一。男女两性的性梦内容一般不同。男性的性梦常伴有梦遗现象，梦中的情境较为奇幻，醒后往往回忆不起梦境的全部细节。女性的性梦往往零碎杂乱，醒后一般能够回忆起梦境的内容。性梦是不由人控制的，梦和现实的巨大差别，不代表人的真正意愿。有性梦体验的大学生不必感到焦虑和羞怯，顺其自然即可。

（五）自慰

自慰是指用手或其他工具刺激生殖器官而获得性快感的一种行为。自慰在一定程度上可以缓解性紧张，宣泄能量，保持身心平衡。自慰属于正常的生理现象，适度、节制的自慰对身体是没有害处的，但不可过度沉溺其中，否则也会给身心健康带来极大的危害。

三、大学生性心理困扰及其调适方法

（一）性认识偏差带来的困扰及其调适方法

部分大学生对"性"持有不正确的认知，性认知的偏差是引起一系列性心理障碍的重要因素，主要表现在两方面。一方面，有些大学生把性看成下流的、肮脏的、污秽的东西，导致性压抑、性焦虑，进而影响大学生的自我评价，表现为焦虑、烦躁、厌恶及内心不安、恐惧、自责等。另一方面，也有极少数大学生对性抱着一种满不在乎、随意的态度。他们过于强调性的生物性，认同"性自由""性解放"，把自己谈了多次恋爱作为炫耀的资本；在恋爱过程中，只注重肉体而无视精神，把人的性与动物的性等同起来。

大学生应该认识到，性是自然属性和社会属性的统一体，性禁忌和性放纵都不利于身心健康。首先，性是人类的本能，应该学习、掌握性知识；其次，除了要认识性的生物属性，还要认识性的社会属性，明白人的性观念、性行为应符合社会道德和社会规范。

（二）性冲动带来的困扰及其调适方法

一些大学生常常会因性冲动而产生许多困扰。产生性冲动困扰的大学生大多数能人为地压抑自己对性的要求。适度的性压抑是社会化的需要，也是性心理成熟的一种体现。有的大学生为缓解性冲动的困扰，采用性自慰行为来宣泄性的欲望。一般来说，适度自慰并没有危害。自慰的危害不在于自慰本身，而在于对自慰的担忧、恐惧、羞愧和罪恶感，这种负罪感使大学生的学习和生活受到极大的影响。对于大学生的性冲动，可以从以下几个方面应对：①发展自己的爱好与兴趣，积极参加健康的文体活动，使充沛的精力得到有效释放；②作息时间规律，养成晨起锻炼的习惯，不贪睡、不恋床；③睡前少看或不看与性有关的书刊或影视节目。

（三）婚前性行为的认识误区及其调适方法

热恋中的大学生容易因爱的激情而产生难以抑制的性冲动，使情感突破理智的防线，发生性行为。如今的社会对婚前性行为的态度日趋宽容，但对于大学生而言，过早地发生性行为对双方的成长都是弊大于利：其一，和谐的性行为需要安全、私密、舒适的环境，而大学生的婚前性行为多数不具备很好的环境，常伴随内心羞愧感、罪恶感，以及紧张、害怕、担心怀孕等情绪，容易引起性反应抑制和性焦虑，导致男性阳痿、早泄或心因性功能障碍，而女性还有可能意外怀孕，影响身心健康；其二，大学生婚前性行为具有突发性、非理性等特点，会给双方带来巨大的心理压力，如恐惧、焦虑、自卑等。大学生应当提升自身的性道德水平，有效地克制性冲动，促进性心理的健康发展。

（四）性过失、性伤害及其调适方法

性过失是指当事者由于当时特殊的环境或原因一时冲动导致了不应该有的性行为，事后非常后悔的一种心理体验。性伤害是指个体因经历性侵犯、性虐待或其他与性相关的暴力事件导致的心理结构受损。大学生的性过失与性伤害最常见的是中学时代或者儿童时期被人诱奸或者强暴。性过失和性伤害往往给当事人造成极大的心理损伤，包括自尊心、自信心的严重损害，造成受害者消极退缩、回避人际交往等心理，甚至会影响到婚后的性生活，出现性功能障碍。

经历过性过失和性伤害的大学生应该认识到，发生了这种事，根本责任不在自己，不可自责自罪，不要否定自己，不要嫌弃自己；另外，既然事情已经发生了，也不能怨天尤人，我们改变不了自己的过去，但是可以改变现在，决定将来，要学会正确对待人生挫折，重新塑造自我形象，通过积极的调整，达到一个全新的高度，摆脱过去，创造未来。

【案例讨论】

小露是某系二年级学生，在与男友谈恋爱的过程中发生过许多次性关系，虽然内心并不情愿，但对男友的性要求，小露从来不懂得拒绝。而且周围的同学有性经历的也不少，甚至有些女生以没有性经历为耻。想想这些，小露也就释怀了。但由于不注意采取保护措施，小露意外怀孕，不得不瞒着父母去医院做了人流手术。手术后小露觉得身体越来越差，同时感觉男友对自己也越来越不关心。她的情绪也随之越来越差，经常哭泣，觉得生活变得没有任何意思。

智慧点拨

小露的例子在高校中并不少见。在两性关系中，女性因其生理特征等原因，比男性更易受伤害。作为女性，要赢得长久的爱情，需要有独立的个性，要懂得保护自己、珍惜自己，并懂得拒绝，以更为成熟的态度对待"性"。

第五节
大学生健康性心理的培养

一、性心理健康的定义及评定标准

（一）性心理健康的定义

我国学者这样定义性心理健康：性心理健康是指个体具有正常的性欲望，能够正确认识性的有关问题，并且具有较强的性适应能力，能和异性进行恰当的交往，在免受性问题困扰的同时，还能丰富和完善自身人格，促进自身身心健康的发展。

（二）性心理健康的评定标准

针对我国具体情况，健康的性心理应当包含以下几项具体内容。

① 有正常的性欲望及性需求。正常的性欲望和性需要是性心理健康的生物学基础。

② 对性知识有科学、全面、正确的认识。了解包括性生理、性心理、性道德等。

③ 能够正确认识自我，愉快地接纳自己的性别。

④ 性心理和性行为应符合相应的性心理发展年龄特征。

⑤ 能和异性保持和谐的人际关系。

⑥ 性观念和性行为符合社会道德和法律规范。

二、大学生培养健康性心理的途径

（一）参加性教育活动，掌握性知识

大学生应该对"性"有一个科学的认识。性学是一门综合性的学科，包括性生理学、性心理学、性社会学、性伦理学、性美学等。大学生应充分利用学校资源，参加学校举办的性教育活动，掌握科学的性知识，消除对性的神秘感，改变性无知和性愚昧状态；使自己能够适应生理成熟的过程，消除把性仅仅看作生物本能的片面认识，增强对性冲动的控制力和调节力，以科学的态度对待自己出现的性心理问题，保持自身性生理和性心理的健康。

（二）树立正确的性爱观

每一个大学生都应该懂得，性欲是正常和健康的，并且是可以控制的。正确的性爱观主要体现在以下几个方面。

（1）对性冲动有良好的处理能力。对于性冲动，除了适度控制，还可以采取一些积极的、符合社会规范的方式来转移性欲。

（2）能克服遗精恐惧和月经焦虑。对于遗精和月经，不必紧张。男生要正确对待遗精，注意

清洁，保持个人卫生。女生要了解月经规律，注意经期健康，减少经期中的不良精神刺激，调控情绪，愉快地度过经期。

（3）**正确对待自慰、性幻想和性梦**。大学生要通过性知识的学习，克服自慰、性幻想和性梦带来的心理困扰。大学生不必因为自慰而自责。但是，过分沉溺于自慰、频繁自慰是不健康的，应当通过丰富多彩的精神生活和恰当的异性交往来平衡自己的性心理。大学生应当通过追求高层次的需要来减少性幻想和性梦出现的频率。

（4）**文明、适度地与异性交往**。文明、适度地与异性交往，可以满足青春期性心理的需求，缓解性压抑。与异性交往有益于扩大信息面、完善自我，对个人的恋爱婚姻及个人的成才发展具有重要作用。但大学生在与异性交往时要把握分寸，注意场合，规范行为，处理好友情与爱情的关系。

（5）**对性骚扰的自我保护**。首先，大学生应当维护自尊、自重、自爱的自我形象，做到举止大方、行为得体、作风正派。其次，大学生应当学会自我保护。女生晚上尽量不要单独外出，更不要单独在男性家中或住所长时间停留。面对他人的过分要求，不要畏惧，要勇敢地说"不"。要以严厉的态度制止和反抗性骚扰，必要时向别人呼救或向公安部门寻求帮助。最后，对于性骚扰的经历不要过分恐惧和自责。

（三）寻求心理咨询，促进身心健康发展

现在越来越多的高校建立了自己的心理咨询室，可以及时有效地解决大学生的心理健康问题。据不完全统计，在高校心理咨询室，大学生咨询的问题中，与异性的交往问题占据了一半以上，或多或少涉及对性的困惑。当大学生遇到性困扰时，可以坦然寻求心理咨询，在心理咨询室倾诉自己的困惑和真实的情感，获得及时的沟通和积极的引导，排解性心理问题，促进身心健康发展。

【素养看点】　　蒋英与钱学森：科学与艺术的完美联姻

蒋英与钱学森的爱情故事如同一首悠扬的乐章，奏响了科学与艺术的完美和弦。

蒋英与钱学森的缘分源于父辈的深厚情谊。蒋英的父亲蒋百里是中国近代著名的军事战略家，而钱学森的父亲钱均夫则是知名教育家。两家是世交，情谊深厚。蒋英3岁时被过继到钱家，与钱学森青梅竹马，一起长大。儿时的他们曾在父母面前合唱《燕双飞》，稚嫩的歌声仿佛预示着他们未来的美好姻缘。

1935年，钱学森远赴美国深造，蒋英为他弹奏了莫扎特的《D大调奏鸣曲》，还送给他一本唐诗，钱学森视若珍宝地随身带到了美国。此后，蒋英随父亲蒋百里出访欧美，最终留在德国柏林学习音乐。

1946年，蒋英结束了长达10年的欧洲求学生涯，回到祖国。1947年，她在上海兰心大剧院举办了个人演唱会，轰动整个上海。也是在那一年，钱学森回到祖国。两人再次重逢，很快坠入

爱河，并于1947年夏在上海喜结良缘。

婚后，蒋英的音乐世界里总少不了钱学森的身影。每当蒋英登台演出或指挥学生毕业演出时，都会邀请钱学森前来欣赏。钱学森还会邀请科技人员一同前往，分享艺术的喜悦。有时钱学森工作繁忙，蒋英便亲自录制演出放给他听。蒋英也常常拉钱学森一同欣赏交响乐，将这位"航天理工男"带入音乐的海洋。

蒋英的歌声不仅为钱学森带来了艺术的享受，更在关键时刻给予他科学的启示。钱学森曾说，在遇到工作中的困难时，蒋英的歌声常常让他豁然开朗，找到解决问题的思路。钱学森的著作《科学的艺术与艺术的科学》的英文名也是蒋英拟定的。

蒋英在声乐教育领域取得了卓越成就，培养了许多优秀的声乐人才。她曾不顾连续几个月的劳累，参与组织、指导一场大型音乐会——《星光灿烂》，献给航天人，表达了她对科技事业和科学工作者的敬意。

尽管夫妇两人获得了诸多荣誉，但钱学森和蒋英的生活依然简朴。他们放弃了多次迁居"部长楼"的机会，一直住在中国科学院宿舍区的红砖楼里。钱学森总是穿着"解放军的绿裤子"、蓝色或灰色上装，蒋英也衣着简朴。他们的房间里摆满了书柜，一架钢琴占据了客厅五分之一的面积，这便是他们生活的全部。

钱学森晚年曾诙谐地对蒋英说："钱归你，奖（蒋）归我。"蒋英与钱学森的爱情可以说是科学与艺术的完美联姻。他们的一生就如同一曲科学与艺术的二重奏。

【心理测试】
看看你的恋爱态度

每个人在恋爱过程中所持的态度和所表现的行为是千差万别的。对下列问题作出"是"或"否"的回答，以便从中发现你自己在恋爱中的态度。

1. 相对于冷色系的颜色来说，更喜欢暖色系。

2. 是急性子的人。

3. 不爱听别人的意见。

4. 经常换发型。

5. 过去有过"脚踏两只船"的情况，或现在正是这样。

6. 喜欢追求刺激。

7. 到现在为止，交往过的男（女）朋友不超过3个。

8. 即使失恋了也恢复得很快。

9. 食欲经常很旺盛。

10. 上学时，就算是没有把握也会积极回答问题。

11. 有恋人后，就会以恋人为生活的中心。

12. 不高兴的事，睡一觉就会忘掉。

13. 能较多地考虑对方的心情。

14. 虽然机会很小，但是喜欢上就会去追求。

15. 认为友情发展到爱情的概率很小。

16. 认为在与恋人的交往中，性生活是否和谐很重要。

17. 几乎都是自己向异性主动表白。

18. 认为"恋爱是没有理智的"。

19. 在四个季节中最喜欢夏天。

20. 喜欢圣诞节、生日宴会等。

【计分标准】

回答"是"的题目得分1分，回答"否"的不得分。

【测试结果】

16分以上：很积极。只要喜欢就会勇敢地去表白，认为首先要向对方表达自己的想法，然后才能了解对方并进一步交往。

11～15分：朋友的协助会增强其积极性。在恋爱中比较积极，但只是思想积极，在行动上却常望而却步。对于你来说，朋友的支持是很重要的，因为本来就有积极性，在受到朋友帮助和鼓励时会付诸行动。

6 ～ 10分：爱管别人的事，但自己很消极。你对别人的恋爱能给出积极、有效的建议，但是一到自己身上就变得很消极。朋友向你说他的恋爱故事时，你能给他各种建议。但对自己的恋情，即使朋友给你提了建议，你往往也不能付诸行动。

5分以下：过于消极。不会向对方表白自己的爱慕之情，即使开始交往也不会主动地给对方打电话，更不会表现出"喜欢"的样子。

【说明】

此测试用于粗略检查，不能用于正式诊断或筛选。

【活动设计】

什么是爱情

该训练建议组队进行，每组3 ～ 5人。

请静静地思考一下爱是什么，并在白纸上写出五条你所认为的"爱情的本质"，如爱是需要、关怀……（请更多关注那些直觉的、第一反应的内容，而非理性思考的内容），写完后每个同学在小组内向大家汇报自己的选择及感受。然后进行讨论。

【讨论话题】

（1）你在活动中有何感受？

（2）对你而言，"爱的实质"是什么？你的爱情观对你曾经或目前的恋爱有何影响？你的选择与你的爱情观相符合吗？

（3）其他人的爱情观对你有何影响？

本章推荐资源

第九章　大学生挫折与压力应对

女儿对父亲抱怨她的生活，抱怨事事都那么艰难。

父亲是位厨师，把她带进厨房。他烧开了三锅水，分别在锅里放入了胡萝卜、鸡蛋和咖啡粉。

大约20分钟后，父亲捞起胡萝卜和鸡蛋，把咖啡舀到杯子里。胡萝卜变软了，鸡蛋煮熟了，咖啡豆变成了香浓的咖啡。父亲解释说："这三样东西面临同样的逆境——煮沸的开水，但反应各不相同。胡萝卜入锅之前是强壮结实的，但经过水煮后，它变软了；鸡蛋原来是易碎的，但经水煮后，它的内核变硬了；而咖啡粉进入沸水后，直接改变了水。""哪个是你呢？"父亲问女儿。

压力就像生活中的调味剂，并非全然苦涩——它既能成为压垮人的重负，也能成为撬动成长的支点，最终走向何方，取决于我们应对的智慧。

【学习目标】

① 挫折和压力对大学生心理的影响；
② 大学生挫折应对与压力管理。

【本章重点】

挫折与压力的产生和特点　挫折应对与压力管理

一、认识挫折

法国作家巴尔扎克说："挫折和不幸，是天才的进身之阶；信徒的洗礼之水；能人的无价之宝；弱者的无底深渊。"在我们的日常生活中，遇到挫折是不可避免的，没有哪个人从未遭遇过挫折或敢说今后不会遇到挫折。

（一）挫折的含义

由于研究的角度不同，人们对挫折一词的理解不尽相同，心理学上所说的挫折，一般是指人们在实现预定目标或满足某种需要的活动过程中，遇到了无法克服或自以为无法克服的障碍或干扰，使目标不能实现或需要无法得到满足时所产生的紧张状态与情绪反应。从这个定义可以看出，挫折包括三方面的含义。

（1）情境因素。也称挫折情境，是指个体的需要不能获得满足的内、外障碍或干扰等情境状态或情境条件，如考试成绩不及格、比赛得不到名次、受到讽刺、打击等。

（2）挫折认知。即个体对挫折情境的知觉、认识和评价。

（3）挫折反应。也称挫折行为，即伴随着挫折认知，对于自己的需要不能满足而产生的情绪和行为反应，如愤怒、焦虑、紧张、躲避或攻击等。

当挫折情境、挫折认知和挫折反应三者同时存在时，便构成心理挫折。

（二）挫折的性质

1. 必然性和普遍性

首先，挫折随时随地都可能发生，因此，挫折具有必然性和普遍性。

2. 消极性和积极性

一方面挫折具有消极性，使人失望、痛苦、沮丧，甚至引起攻击、侵犯行为或失去对生活的追求；另一方面挫折又具有积极性，给人以教益，使人认识错误，接受教训，磨炼意志，使人更加成熟、坚强，在逆境中奋起，从而获得进一步的发展。挫折的消极性和积极性是相对的，可以互相转化。当人们遇到挫折时，以积极的态度将挫折变为动力，继续奋斗或调整目标，使需要或动机获得新的满足，即减少挫折的消极因素，积极寻找挫折积极的一面，促使挫折的消极因素向积极方面转化。

（三）挫折的类型

一般说来，挫折心理包括以下几种类型。

1.目标与成就挫折

这种挫折是由于某种目的没有达成或渴望成功的意愿受挫引起的。如考试前非常努力地学习英语，可是成绩不理想。目标与成就无法一致，就会产生目标与成就挫折。

2.心理安全挫折

这种受挫是由群体、家庭生活不如人意，或受到外在的疏远、冷落与潜在的不安全因素引起的。如某个学生与其他同学在生活上、学习上差距很大，则容易在心中形成落差，易产生挫折感；再如在家中经常受到父母的打骂，感受不到家庭的温暖，也会产生心理的不安全感，进而产生挫折感。

3.行动与需求挫折

这种挫折是由于某种行动不能实现或某种需求不能得到满足而引起的。如向某个女生求爱被拒绝、计划好的假期旅游因为一些事泡汤了等引发的挫折感。

4.缺乏与丧失挫折

这种挫折是由生理上、物质上、精神上的某种缺失，或失去曾经拥有过的东西引起的。例如身体上的残疾、生活物资的短缺、知识的匮乏、家庭温暖的缺乏、亲人的分离、失去友谊等引发的挫折感。

5.依赖与独立挫折

这种挫折是由独立自主的愿望和行为不被理解、支持，甚至遭到反对，或突然失去依赖对象与依赖机会引起的。例如，因为父母比较强势，所有的事都被父母管控，不能独立行事而引发的挫折感。

（四）挫折形成的机制与条件

挫折的形成必须具备一定的条件，包括需要、动机、实际行动、挫折情境和主体对挫折的知觉与体验等。以求职找工作为例，挫折的产生与以下五个方面有关。

① 需要和由此产生的动机——想要入职某心仪的公司。

② 在动机驱使下有目的的行为——给公司投简历，参加应聘。

③ 使需要不能获得满足或目标不能实现的内外障碍，即实际存在的或当事人想象中的挫折情境——学历与该公司要求不相符。

④ 对挫折情境的知觉、认识和评价，即挫折认知——感觉再也找不到自己满意的工作。

⑤ 因受到挫折而产生的情绪和行为反应，即挫折反应——沮丧，对生活失去信心。

其中挫折认知是产生挫折最重要的因素，因为只有在挫折情境被知觉后，人们才会产生挫折感，否则，即使挫折情境实际存在，只要不被知觉，人们也不会有挫折感。图9-1清晰地展示了挫折形成的机制与条件。

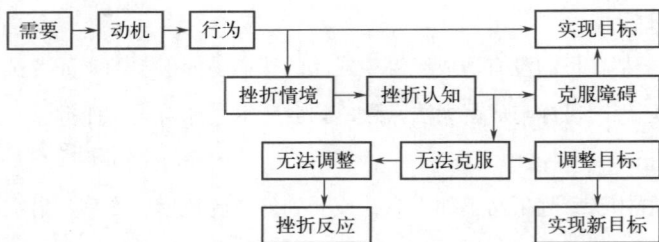

图9-1　挫折形成的机制与条件

二、认识压力

（一）压力概述

压力是指由刺激引起的，伴有躯体机能以及心理活动改变的一种身心紧张状态，即压力是人在环境中受到种种刺激因素的影响而产生的紧张情绪。现代社会生活节奏越来越快，给人们带来的心理压力也越来越大。

（二）压力具有消极和积极的双重特性

1. 消极性

当压力超过承受阈值时，消极性质便会凸显。心理层面上，长期高压可能引发情绪耗竭，出现持续抑郁、自我怀疑；生理层面上，皮质醇（压力激素）水平居高不下会损伤心血管系统，导致免疫力下降，甚至诱发高血压、糖尿病等慢性疾病；行为层面上，过度压力可能催生逃避倾向，如学生因论文压力过大而拖延至放弃，陷入"压力-失控-更压力"的恶性循环。

2. 积极性

完全没有心理压力的情况其实是不存在的。换一种说法就是，没有压力本身就是一种压力，它的名字叫作空虚，那是一种比死亡更没有生气的状况。为了消除这种空虚感，很多人甚至采取极端举措来寻找压力或者说刺激。

适度压力能激发个体的潜能，展现显著的积极作用。从生理层面看，短期压力会促使肾上腺素分泌，提升反应速度与专注力，如考前适度焦虑能让学生更高效地记忆知识点；从心理层面看，压力可增强目标感，例如对手的压力常常让运动员突破个人的最好成绩。这就是压力的积极性质。

耶克斯-多德森定律展示了压力与绩效之间的经验关系，最初由心理学家罗伯特·耶克斯（Robert M. Yerkes）和约翰·多德森（John Dillingham Dodson）于1908年提出。该定律指出：表现（绩效）随着唤醒（压力水平）的提高先上升后下降，呈现出钟形曲线的形态（图9-2）。从耶克斯-多德森定律可以知道，中等强度压力下能得到最好的绩效表现。

对待压力的关键在于学会"驾驭"而非"对抗"，要做"压力的调节师"：既不畏惧适度压力带来的紧张感，善用它的驱动力；也不纵容过度压力的蔓延，及时为自己按下"减速键"，压力便不再是生命中的绊脚石，而会成为铺就大学生成长之路的砖石。

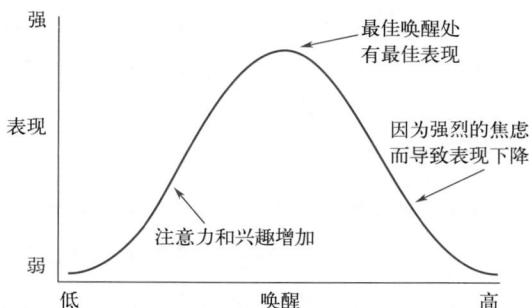

图9-2 耶克斯-多德森曲线

（三）压力的类型

压力可从内在与外在两个维度进行拆解，外在压力和内在压力二者相互作用，共同塑造着心理状态。

1. 外在压力

外在压力源于客观环境的要求与挑战，具有明确的触发源。对于大学生来说，期末考倒计时、科研项目构成持续的学业压力；社团竞争、室友关系、恋爱矛盾带来人际压力；实习名额、考研考公、父母的期待则形成发展压力。某调查显示，大学生将"学业任务繁重"列为首要外在压力源。

2. 内在压力

内在压力是个体对外部事件的主观加工产物，更具隐蔽性。一是认知偏差引发的压力，如"必须拿一等奖学金"的绝对化思维，将"一次失败"等同于"人生崩盘"的灾难化想象；二是情绪内耗带来的压力，比如因社交尴尬反复复盘细节，陷入"想做又怕错"的自我拉扯；三是自我认同冲突产生的压力，当"理想中的我"与"现实中的我"差距过大，便会滋生焦虑。这类压力如同"内部漩涡"，即便外部环境稳定，也可能持续消耗心理能量。

（四）压力的反应

压力如同投入湖面的石子，会在心理、生理、行为层面产生连锁反应，这些反应既可能是短期的应激反应，也可能演变为长期的健康隐患。认识压力在这三个层面的表现，是科学应对压力的前提。当身体发出"警报"、心理出现"异常"、行为产生"偏差"时，就需要主动进行干预。

1. 心理反应

压力首先冲击情绪调节系统。短期可能出现易怒、焦虑等症状，如考前压力大的学生会因小事与室友争吵；长期则可能引发抑郁倾向，表现为对曾经热爱的事物失去兴趣。同时，压力会干扰认知功能，导致注意力分散、记忆力下降——不少学生发现，压力大时背书效率明显降低，甚至出现"提笔忘字"的情况。

2. 生理反应

生理反应是压力最直接的躯体信号。压力导致自主神经系统过度激活，继而引发心跳加速、血压升高，进而可能诱发偏头痛、胃溃疡等疾病；内分泌系统也会受到影响，皮质醇持续升高会抑制免疫系统，易患感冒、过敏等。某高校健康报告显示，期末考试期间校医院接诊量会较平时大量增加。

3. 行为反应

行为反应是个体应对压力的外显表现，存在明显的个体差异。积极应对者可能通过运动、倾诉等方式释放压力。而消极应对者常陷入恶性循环：有人用暴饮暴食缓解焦虑，有人通过熬夜逃避现实，还有人因社交压力逐渐封闭自己，减少与同学的正常交往。这些行为短期内可能带来暂时的解脱，却会在长期加剧压力的负面影响。

（五）过度压力的危害

现代医学证明，心理压力会削弱人体免疫系统，压力人群患生理疾病（如胃溃疡、高血压）或心理疾病（焦虑症、抑郁症）的比率远远高于普通人群。

（1）**损害身体功能。** 当人体面临压力时，一些器官的功能会加强，消耗的能量增加；而另外一些器官的功能被抑制，能量消耗减少。在压力状态下，人体优先会抑制消化系统活动，若长期处于这种状态，会导致消化功能紊乱。

（2）**损害心理功能。** 由于生理和心理作用密切相关，生理上的衰竭，会导致对压力的心理反应越明显。当然，有些人可能会对压力做长时间的抵抗，但最终会因为生理的衰竭而造成心理功能失调，甚至崩溃。

（3）**造成认知功能下降。** 长期处在过度压力状态下，会使个体的反应速度下降，记忆力减退，辨别能力下降，难以集中精神，经常遗忘正在思考和谈论的事情，出现中途"思维短路"的现象。

（4）**对人的情感和性格会产生消极的影响。** 长期的过度压力会使人的精神萎靡不振，无能力、无价值的消极自我评价会油然而生，加重已经存在的一些性格弱点，甚至使人的性格发生根本性的改变。

（5）**让人产生挫折感。** 长期的压力会让人产生挫折感，在挫折情绪的支配下，个体就会出现一系列消极行为：已经有的爱好和兴趣，乃至人生的目标完全丧失，觉得生活无意义。

（6）**影响睡眠。** 当承受的压力较大时，压力反应一再被激起，生理活动一直停留在相当高的水平，神经系统一直处于兴奋状态，也容易引起失眠。

【素养看点】 ▶ ## 范仲淹面对压力和挫折时的态度：
不以物喜、不以己悲

宋代著名政治家范仲淹有一句名言"不以物喜，不以己悲"，不仅展示了他卓尔不凡的处世态度，也反映了他在面对压力和挫折时的成熟与稳重。

屡次被贬，仍心系百姓。范仲淹一生仕途坎坷，多次被贬谪。北宋明道二年（1033年），他因直言进谏触怒宋仁宗，被贬到浙江桐庐。但他并没有因为被贬而意志消沉，反而在地方上积极为百姓做事，造福一方。后来他又被贬睦州、苏州等地，无论身处何地，都能以平和的心态对待，专注于地方治理，关心百姓疾苦，推行了一系列有利于民生的政策和措施。

庆历新政失败后坦然面对。范仲淹曾向皇帝提出了十条新政，即"庆历新政"，但由于触及保守派的利益，新政最终失败，他再次被贬。面对这样的挫折，范仲淹没有怨天尤人，也没有因理想破灭而一蹶不振，而是坦然接受命运的安排，继续保持着忧国忧民的情怀。

应好友邀请作《岳阳楼记》。公元1046年，被贬河南邓州的范仲淹，收到好友滕子京请他为重修落成的岳阳楼作赋的邀请。他没有推辞，当即展开《洞庭晚秋图》，看图作文，写下了千古名篇《岳阳楼记》。文中"不以物喜，不以己悲""先天下之忧而忧，后天下之乐而乐"等名句，是他一生处世准则的写照。

面对诋毁，坚守自我。范仲淹在政治生涯中，多次遭到诋毁和攻击，但始终坚守信念和原则，坚持"宁鸣而死，不默而生"，为国家和百姓的利益而奔走呼号。

第二节
大学生常见压力、挫折及应对

一、大学生常见的压力/挫折类型

（一）学业压力/挫折

大学生课程专业性较强，专业课占重要地位，这不仅需要理解和记忆，还需要将所学的知识加以应用与实践，做到理论联系实际，这就要求大学生在学习的深度与广度上有更进一步的发展。考试方面，大学生一方面要应对学校各门学科的考试，拿到相应的学分；除此以外，为了增加就业砝码，还要努力地参加各种证书考试，到了大三，许多学生开始着手准备考研。因此，大学生活中的学业压力是非常普遍且巨大的。

【案例讨论】

王某，女，20岁，计算机专业，大学二年级学生。在心理咨询室自述：我最近睡眠质量很低，常失眠、多梦、头疼，上课不能集中注意力，总是走神，情绪波动较大，心里觉得烦躁。咨询老师问其原因时，她说进入大学以来一直很努力地学习，可是成绩很一般，大学一年级有两门专业课需补考，最近马上又要期中考试了，感到压力很大，担心自己考不好，特别是想到每年父母交很多学费，心里觉得很对不起他们。越这样想，心里越着急，越想努力学习，精力就越不能集中，学习效率很低。尤其是每天晚上睡觉时总是想这些事，长时间难以入睡。

智慧点拨

王某的状态是学习压力过载与挫折应对方式不当共同作用的结果，其生理、情绪与认知的连锁反应本质上是对"努力却未达预期"的挫折感的应激反应。学业挫折引发自我怀疑，叠加家庭期望带来的道德压力，再加上"硬撑式"的无效应对，最终形成了压力闭环。要改善现状，需先调整对"挫折"的认知，区分成绩与自我价值，再学习"问题解决型"应对策略，如优化学习方法、主动求助，同时缓解对父母的过度愧疚，理解努力本身已经具有价值。

（二）就业压力/挫折

寒窗苦读十几载的学子们都希望在毕业后找到称心的工作，可面对近几年严峻的就业形势，大学生们不免忧心而倍感压力，也难免遭受找不到心仪工作的挫折。大学生的就业压力主要有：担心学校名气不够，与其他高校的毕业生相比没有竞争优势；毕业生多，就业岗位少；成绩不好，怕吃闭门羹；父母对自己就业期望过高；所学专业不能对口；怀疑自己的社会适应能力等。

（三）交往压力/挫折

人际关系问题是困扰大学生最多的心理问题之一。当前的大学生多为独生子女，从小习惯于在家人百般呵护中生活，考虑问题多是以自我为中心。进入大学后，生活习惯、个性喜好各异的学生要在一起学习、生活，很容易造成人际关系的紧张。

【案例讨论】

张某，女，20岁，大学一年级学生。在心理咨询室自述："我最近一个月常伴有焦虑情绪体验，周围的同学都不怎么理我，宿舍的同学也不喜欢与我交流，有什么活动也不叫上我，自己觉得被人排斥。我很渴望与人交往，有好朋友，但每次都遭受挫折。我觉得自己十分孤独，也没有心思学习，总想回家。"在与咨询老师交流过程中，咨询老师发现，她在诉说过程中很注意自己的感受与体验，却很少从他人角度考虑问题，在与人交往中时常以自己的标准要求别人，因此在人际交往中屡屡受挫。

智慧点拨

张某的核心问题在于：自我中心的交往模式会引发人际排斥，而对挫折的不当认知与应对又固化了这种模式。要改善现状，既需要调整交往中的"换位思考能力"，缓解当下压力，也需要通过挫折教育学会从失败中汲取经验，提升应对能力，从而打破"渴望连接——方式不当——被排斥——更焦虑"的循环。

（四）自理压力

大学生多数是第一次远离父母过完全自理的生活，生活上大到每学期的经济安排、开销支配，小到吃什么饭、穿什么衣，都得自己费心和操持，这对平时缺乏生活自理能力的大学生来说是个不小的挑战。异地上学的大学生还需要面临生活环境的变化，例如，北方人觉得南方的冬天太潮湿、阴冷，南方人觉得北方气候太干燥，这些都可能给大学生造成压力和挫折感。

（五）经济压力

感到有经济压力的主要是来自贫困家庭的学生，这些孩子上大学时，更多的是考虑如何生存，如何筹集学费，他们所有的课余时间都用在打工挣钱上。另外，谈恋爱、过生日、朋友聚会、吃穿用度相互攀比等也增加了大学生的经济压力。

二、大学生受挫后的行为反应

（一）积极行为反应

1. 升华

用一种比较崇高的具有创造性和建设性的目标代替失败的目标，借以弥补因受挫而丧失的自尊与自信，减轻痛苦。

2. 补偿

一个目标不能实现，就转向另一个更适合自己的目标。包括两层含义：一是改变策略和行为方式，当目标无法实现时，应该及时调整策略；二是改变目标，如降低目标和重新选择目标等。当既定目标需要付出的代价过大或无法实现时，可以变更或降低目标，这是一种明智的做法。

3. 幽默

当大学生遭遇挫折，身处逆境，面临尴尬局面时，可以使用比喻、夸张、寓意、双关语、谐音等手段，以婉转、风趣的方式来表达自己的意图或意见，从而达到化解困境、摆脱失衡状态的目的，这就是幽默。幽默能体现一个人的智慧、思想境界以及人格的完善程度，也是一种积极的心理防御机制。

　　脱口秀这种以幽默话语为载体的表达形式蕴含着治愈心理压力的科学逻辑。从生理层面看，脱口秀引发的持续性大笑能刺激大脑分泌内啡肽——这种"快乐激素"可直接抑制皮质醇的释放，研究显示，一场40分钟的脱口秀演出能使观众的压力激素水平明显降近。同时，大笑时的深呼吸能激活副交感神经，让因焦虑而紧绷的身体快速放松，就像给过度运转的大脑按下"暂停键"。更重要的是心理层面的疗愈力。脱口秀演员常将学业压力、社交尴尬等大学生共同的困境转化为段子，这种"被看见"的共鸣能消解孤独感，听众会意识到"原来大家都一样"。

　　脱口秀直面"我有问题"的羞耻感，在笑声中完成情绪的代谢。大学生在感觉压力无法排遣时，可以去听听脱口秀，在段子里看见自己的影子，在掌声中确认自己的感受，压力可能就会悄悄卸下大半。

（二）消极行为

1. 攻击

　　攻击是一种破坏性行为，分为直接攻击和转向攻击。直接攻击是把愤怒宣泄到使之受挫的人或物上。转向攻击是因为某种原因不能攻击使其受挫的对象，于是愤怒的情绪指向自己或无关的对象，寻找替罪羊。

2. 逃避

　　逃避是个体因不敢或没有能力应对可能发生的挫折情境而逃离现场或现实的行为。它主要有两类情况：一是个体不敢面对自己预感的挫折情境，在挫折发生前就选择不去努力；二是受挫后压抑受挫情绪。在现实生活中，逃避有多种表现形式：①逃到另一种现实，如学习不好或对专业没有兴趣，就玩游戏，沉溺其中等；②逃向幻想世界，也就是在"白日梦"中寻求快乐、避免挫折和痛苦；③逃向心理疾病，比如害怕考试，在考试当天突然发烧、肚子疼等，考试结束症状就消失了；④逃向自己的内心世界，受挫后，不再与亲朋好友来往，把自己封闭、隔离起来；⑤压抑，又称潜抑，把受挫感排除出意识，抑制到潜意识中去，使其不侵犯自我，而使自我避免痛苦。

3. 焦虑

　　大学生在受挫折后，情感反应是非常复杂的，它包括自尊心的损伤、自信心的丧失、失败感和愧疚感的增加，最终形成一种紧张、不安、忧虑、恐惧等消极情绪交织成的复杂心情，这就是焦虑。

4. 反向

　　又称矫枉过正，就是行为与动机相反而行。受挫者为维护自尊，或避免造成更多的挫折，将受挫感以一种截然相反的态度或行为表现出来，以减轻内心的压力，就是一种反向行为。如遭遇失败后表现得比平时更开心，自卑的同学往往表现出高傲自大等。

5. 退化

　　退化又称倒退、回归，是指大学生遭受挫折后表现出与自己的年龄、身份不相称的幼稚行为，即退回到原来较低的、不成熟的心理发展水平。如我们看到平时举止文雅的大学生面临挫折情境时，会表现出粗鲁的行为，如咒骂、大声叫嚷和挥拳相斗等，这些都是退化行为的表现。

6. 冷漠

冷漠是受挫折后以沉默、冷淡、麻木、无动于衷的方式对挫折情境作出反应。当大学生对引起挫折的对象无法攻击且没有适当的替罪羊可以攻击时，他们可能会将愤怒的情绪压抑下去，表现出一种冷漠、无动于衷的态度，失去正常的喜怒哀乐的表情，行动上表现为茫然不知所措、妥协退让。

7. 逆反

受挫后，不去总结经验教训，而是一意孤行，对正确的方面盲目地持反抗、抵制与排斥的态度。

三、大学生疏解压力与挫折感的策略和方法

压力和挫折是生活的一部分，是不可避免的。面对压力和挫折时首先要认同、冷静、乐观，要想办法缓解压力和挫折感，然后再进一步想办法消除压力和挫折感或将其转化为动力。

（一）正确的认识压力和挫折

应采取积极态度看待压力与挫折，压力和挫折可以磨炼人的意志，激发人的智慧和潜能，可以把它们看成是生活的挑战、成长的机会。

（二）正确认识自我

大学生应恰当地分析自身的长处和不足，这样才能扬长避短或者取长补短。例如，某师范生的表达能力不好，很容易给自己带来压力和挫折困扰，如扬长避短则是改变职业，如取长补短则是加强口才的锻炼。另外，要根据外部条件和内在条件的变化及时调整期望水平、抱负水平，避免无谓地"碰壁"。例如，由于自己身体不好或试题偏难，考试没有达到预期目标，这时就应该调低对成绩的预期，学会原谅自己。

（三）确定适度的自我抱负水平

自我抱负水平是指人们在从事某种实际活动之前，对自己希望达到的成功等级的标准。如果一个人制定标准高，那么他的自我抱负水平就高；如果标准低，那么他的自我抱负水平就低。个人的自我抱负水平必须建立在对自己实际能力正确认知的基础之上，适合的自我抱负水平应当是具有较大把握实现，又需要经过一定的努力才能实现的。如果抱负水平总是高于自己的实际能力，那就很难达到预期的目标，很容易遭受压力与挫折。

（四）加强自我规划，积极行动

心理学研究表明：一个人越能够获得与压力与挫折事件相关的信息，就越能够有效地处理它；越是参加到压力与挫折情境中去，就越能够有效地对付这种情境。实际上，大学生的心理压

力得不到缓解，很大一个原因是只想不做，缺少行动。由于缺少行动，许多不难解决的问题累积成新的困扰。可以说，行动是摆脱压力的最好办法之一。但是，应注意，不能盲目行动，而要进行有效行动。大学生应加强自我规划，并制订行动计划，将大目标分解成阶段目标分步进行，增加信心，最终实现摆脱压力的目标。一个能自觉进行自我规划并执行计划的大学生会表现得充实、自信，使压力感较轻。

（五）确立合理的自我归因

归因倾向对人的心理承受力有很大的影响。心理学研究表明，人们在对成功与失败进行归因时，有些人倾向于情境归因，认为外部复杂且难以预料的力量是主宰行为的原因；有些人则倾向于本性归因，即认为自身的努力、能力是影响事情发展与行为结果的主要原因。一般来说，进行本性归因的大学生对自己的行为与学习有更多的自我责任定向与积极态度，但也容易自我埋怨、自我责备，如果这种自责、悔恨过多，就会带来压力、挫折感等心理损伤。大学生要学会合理归因，避免归因的片面性，学会实事求是地承担责任，克服过分承担或完全推诿责任的倾向，避免过多自责带来的压力和挫折感。

（六）开展放松训练，宣泄压力与挫折感

合理的情绪宣泄是缓解大学生压力、受挫后紧张和焦虑情绪，保持身心健康的有效机制。压力和挫折感憋在心里，只能越积越多，达到一定阈值，人就无法承受，要善于寻找途径宣泄。可以借助运动、聊天、游戏、读书、呼吸训练等方式进行放松。

具体来说，运动是一种最为积极的减压方式，也是脑力劳动者最有效的休息和娱乐方式，运动时体会到的乐趣可以使人们从各类烦恼中解脱出来，并以较好的态度面对挑战。当运动量超过一定量时，体内便会分泌内啡肽（endorphins）和儿茶酚胺（catecholamine），脑内啡和儿茶酚胺的增加能提高身体应付压力的能力。

面对压力时，音乐也是一种常见的放松方式。

【扩展阅读】

音乐疗法：用旋律治愈心灵

当耳机里流淌出熟悉的旋律，紧绷的神经会悄然松弛。这背后藏着音乐疗法的科学原理。作为一种结合心理学与音乐学的辅助治疗手段，音乐疗法通过节奏、旋律、和声的物理振动，直接影响大脑边缘系统——这个主管情绪与记忆的核心区域，实现生理与心理的双重调节。

研究显示，每分钟60拍左右的慢节奏音乐（如巴赫的《G弦上的咏叹调》）能使心率、呼吸频率同步放缓，皮质醇（压力激素）水平下降20%以上；而欢快的大调乐曲（如莫扎特的《小夜曲》）可刺激多巴胺分泌，改善抑郁情绪。更奇妙的是，音乐无需语言中介，能直接触达潜意识，尤其适合表达难以言说的创伤情绪。

中国传统医学经典著作《黄帝内经》中也有关于五音疗愈的记载。角音具有疏肝解郁的作用；徵音有助于调节心气；宫音有助于健脾和胃；商音有助于润肺和调节呼吸；羽音有助于补肾

和调节水液代谢。五音与情志的对应关系是：角音对应"怒"，徵音对应"喜"，宫音对应"思"，商音对应"忧"，羽音对应"恐"。通过聆听相应的音乐，可以调节相应的情志，达到心理平衡。中国五音疗愈的核心思想是通过音乐的振动和旋律来调节人体的气血、脏腑功能和情志状态，以达到预防和治疗身心疾病的目的。

音乐疗法的形式远不止"听"：哼唱熟悉曲调可激活声带振动，缓解焦虑；敲击鼓点能通过肢体律动释放压抑；集体合唱则在和声共鸣中增强归属感。心理学临床治疗中，音乐疗法已成为多元辅助手段：孤独症儿童通过打击乐互动提升社交能力，癌症患者在定制播放列表陪伴下降低化疗痛苦，大学生用即兴钢琴演奏释放学业压力……

音乐疗法的魅力还在于门槛极低——无需专业乐理知识，是每个人都能使用的自我疗愈工具。当生活陷入混沌时，不妨借一段音乐，重新锚定内心的秩序。

【心理测试】

你的意志力有多强?

本测试共20题,每题五个选项:A完全符合,B比较符合,C无法确定,D不太符合,E很不符合。请选择适合你的一项。

1. 我喜欢长跑、爬山等体育运动,并不是因为我的天生条件适合这些项目,而是因为这些运动能增强我的体质和意志力。

2. 我给自己定的计划常常不能如期完成。

3. 我信奉"事不干则已,干就要干好"的格言,并努力做到。

4. 我认为凡事不必太认真,做得好就做,做不好就算了。

5. 我对待事情的态度,主要取决于这件事情的重要性,即该不该做,而不是我对这件事情的兴趣,即想不想做。

6. 有时,我临睡前发誓第二天要干一件重要的事,然而,第二天这种干劲又没有了。

7. 学习和娱乐发生冲突时,即使娱乐很有吸引力,我也会坚持学习。

8. 我常常因为读一本妙趣横生的小说或看一部精彩的电视节目而忘记时间。

9. 我下决心坚持的事情(如学画画),不论遇到什么困难(如学习忙、身体不适),都能坚持不懈,持之以恒。

10. 我在学习中遇到了困难,首先想到的是先问别人有没有办法。

11. 我能长时间做一件无比枯燥的事。

12. 我的爱好一天一变,做事常常是"这山望着那山高"。

13. 我只要决定做一件事,就一定说干就干,绝不拖延。

14. 我做事喜欢挑容易的先做,困难的能拖就拖,实在不能拖时,就三下五除二干完拉倒,敷衍了事。

15. 遇事我喜欢自己拿主意,当然也可以听一听别人的建议。

16. 生活中遇到复杂的情况时,我常常拿不定主意。

17. 我敢于挑战自己从未做过的事情,因为这是一个锻炼的好机会。

18. 我生性胆小怕事,从来不做没有完全把握的事。

19. 我希望做一个坚强、有意志力的人,而且我深信"功夫不负有心人"。

20. 我相信,一个好机会的作用大大超过个人的艰苦努力。

【评分标准】

以上20道试题中,凡题号为单数的试题(1,3,5,7,9……),选择ABCDE分别得5、4、3、

2、1分；凡题号为双数的试题（2，4，6，8，10……），选择ABCDE分别得1、2、3、4、5分。

86分以上。你意志力相当坚强。不管做什么事，都不轻言放弃。每当开始新任务，任何人都希望尽早看到结果，不少人因而在做事时很焦急，最后反而失败。然而，如果你是从长远角度考虑问题的人，你会吸取别人的教训，用长远眼光与心态看问题、做事情，最终达到目标。

61～85分。你的意志力一般。基本上，你做出决定就会坚持到底。但是，你很容易被环境左右。如家人反对、没朋友支持时，你通常会放弃最初计划，半途而废。你会因环境变化来衡量自己努力到什么程度。你需要进一步加强意志力，让自己成为有始有终的人。

46～60分。你的意志力比较薄弱。对自己喜欢的事还能发挥出意志力，但一遇挫折就会很快放弃；对不感兴趣的事你会不做任何努力就放弃。这样的性格很可能使你视野狭窄。假如你对不感兴趣的事也能做到不轻易放弃，坚持到最后，相信你的意志力等级一定会节节攀升。

45分以下。你的意志力十分薄弱。一碰到需要耐心的工作，或者必须做出思考的复杂问题，你就会嫌麻烦，毫无耐心地半途而废。你可能会兴致勃勃地去做一件事，但往往只有三分钟热度。你应从小事做起，养成每天重复做同一件事的习惯。

【活动设计】
我的挫折应对方式

请回忆：在最近的一个月中，自己经历的事情中，哪个事件是对自己影响最大的挫折事件？自己面对挫折的反应是什么？挫折的来源是自我、他人还是环境？你通常应对挫折的方式是什么？如果采用本节所学的应对挫折的积极方式，你会怎么做？

本章推荐资源

第十章　大学生异常心理和心理危机应对

　　王某，女，某高校三年级学生，21岁。王某的母亲是护士，受母亲的影响，王某对个人卫生要求非常严格，在学校吃午餐时都会先用随身携带的酒精棉擦拭餐具。中学时，有一次参加同学生日会，第二天有个同学感冒发烧没来上学，母亲知道后立即带王某去检查身体，在检查过程中，王某开始呕吐，从此她不再参加任何同学聚会。大学时，她睡在上铺，有一次一位女生调皮地从另一个床铺跳到她的床上，她知道后，立即将床单和被罩换洗掉。后来，只要别人碰过她的东西，她都要小心清洗。和她接触的人都知道她很怪，同学们对她要不抵触，要不敬而远之。

　　看到别人都有好友围绕左右，而自己形单影只，她非常苦恼。但她每天还是会反复清洗各种用品，自言自语，行为也变得更加孤僻，舍友都说"不想跟她再住在一起"。王某曾找到系里的辅导员寻求帮助，辅导员建议她去寻求学校心理医生的帮助。在接受心理咨询过程中，王某称自己讨厌家庭，讨厌同学，也厌恶学习。"大家都认为我有病，我什么活动也不敢参加，也不想和别人接触。我心里很痛苦。"

　　心理问题已经成为影响大学生健康成长的常见问题。大学生学习一些关于异常心理的知识，能帮助小学生增强信心，直面困难，培养敢于承受艰苦和挫折的心理品质，鉴别、预防和治疗各种心理危机。

① 了解大学生常见的异常心理；
② 理解大学生不同心理危机的表现和特点。

异常心理　　大学生心理危机　　危机干预

第一节
大学生异常心理

一、异常心理的概念

所有人不可避免都会在一生中的某个阶段出现某种心理问题。心理问题指所有心理及行为异常的情形。心理的"异常"和"正常"之间并没有明确和绝对的界限，一般认为，人的心理和行为是一个由"正常"逐渐向"异常"、由量变到质变，并且相互依存和转化的连续过程。因此，人的心理问题是普遍存在的，只是每个人程度不同而已，通常把心理问题按照其严重程度，分为心理困扰、异常心理和精神疾病。

（1）**心理困扰**。是指人们经常出现的因各种适应问题、应激问题、人际关系问题等引起的轻度心理失调，强度较弱，持续时间较短，对人的生活效能和情绪状态有一定的负面影响，但不属于疾病范畴，通过自我调整和适当的心理疏导容易得到恢复和矫正。

（2）**异常心理**。是指心理功能紊乱，并达到影响个体的社会功能或使自我感到痛苦的心理问题，主要指神经症、适应障碍和性心理障碍等轻度的心理创伤或心理异常现象。

（3）**精神疾病**。是指人脑机能活动失调，丧失自知力，不能应付正常生活，不能与现实保持恰当接触的严重心理疾病，以感觉、知觉、记忆、思维、情感、意志等精神活动异常为主要特征。精神疾病的发病原因较为复杂，包括生理因素、心理因素和社会因素。

二、异常心理的判别

临床上判断是否有心理问题，特别是判断是否存在异常心理和精神疾病，涉及多维度的心理评估与诊断过程。这需要经过系统训练的专业人员，如临床心理学家、精神科医师和心理咨询师等，综合运用心理学、精神病学的理论体系及标准化评估工具，通过严谨的诊断流程进行专业判断。目前主流的评估方法包括观察法（如自然情境下的行为观察与实验室控制观察）、会谈法（结构式临床访谈与非结构式自由访谈）以及测验法（标准化心理量表和神经心理测验），三者常形成诊断三角相互验证。

专业诊断体系特别强调病程标准、社会功能损害程度和症状群关联性三大要素。以强迫症为例，确诊不仅需要存在强迫思维或行为，更要求这些症状每天持续1小时以上并导致显著痛苦。因此，普通人在压力事件中出现的短暂重复行为（如反复检查门窗），应视为心理亚健康状态而非精神疾病。这种精准区分对于制订干预策略（心理咨询或药物治疗）具有重要指导价值。

部分大学生将考试焦虑引发的短暂失眠等同于焦虑症，或将失恋后的阶段性情绪低落等同于抑郁症，这种自我标签化行为可能引发医源性心理问题——通过暗示效应强化躯体化反应（如将正常心悸误解为惊恐发作先兆），形成症状维持的恶性循环。

三、大学生常见的心理疾病

个体内在因素或外在因素所造成的心理障碍将给个体造成一种情绪上的打击或威胁，从而影响个体积极性与主动性的发挥，严重时还有可能导致个体行为失调，甚至会诱发种种心理或生理疾病。一般来说，大学生中常见的异常心理有以下几类。

（一）焦虑症

焦虑症是一种常见的神经症，是个体对当前或预感到的挫折产生的一种紧张、忧虑、不安而兼有恐惧性的消极情绪状态。它包括自尊心与自信心的丧失、失败感与罪疚感的增加等。患有焦虑症的人，在其性格上也有一定的特点，大多胆小，做事瞻前顾后，犹豫不决，对新事物、新环境适应能力差，遇到一些精神刺激，就很容易焦虑。

大学生产生焦虑的原因多源于学习、生活和人际交往等方面遇到的压力和挫折。患有焦虑症的大学生，常感到无明显原因、无明确对象、游移不定、范围广泛的紧张不安，经常提心吊胆，却又说不出具体原因，过分关心周围事物，注意力难以集中，学习效率明显下降。焦虑症会严重危害大学生的身心健康，如果长期处于焦虑状态，甚至会出现很多疾病，因此应给予治疗。焦虑症以心理治疗为主，需要时给予适当的物理辅助治疗。

（二）抑郁症

抑郁症主要表现为悲伤、绝望、孤独、自卑、自责等，患者把外界的一切都视为"灰暗色"的。长期的忧郁状态会导致思维迟钝、失眠、体力衰退等。一般来讲，神经性抑郁症患者在病前大多能找到一些精神因素的诱因，如生活中的不幸遭遇、学习中遇到重大挫折和困难、在公共场合中自尊心受到严重伤害等。该症的发生与性格也有一定的关系。自卑心一向很强的人，在受到挫折后，容易产生失望、自卑而发病；性格内向、多愁善感、好思虑、敏感性强、依赖性强的人，在精神因素作用下，也容易导致抑郁症的发生。

抑郁症是大学生中常见的一种心理障碍，不少大学生对枯燥的专业学习不感兴趣，对刻板的生活方式感到厌烦，为学习或社交上的不成功而灰心丧气，陷入抑郁悲观状态。

（三）双相情感障碍

双相情感障碍是时而躁狂，时而抑郁，呈周期性变化。有时精神亢奋，行为增多，脑子反应快，什么都想干；有时情绪低落，缺乏兴趣，什么都不想干，呈现躁狂和抑郁交替出现的状态。

（四）神经衰弱

神经衰弱也是大学生中极为常见的心理障碍。它的特点是容易兴奋，但迅速疲倦，并常常伴有各种躯体不适感和睡眠障碍。神经衰弱的原因是长期存在的某些精神因素会引起大脑机能活动过度紧张，使精神活动的能力减弱。有易感素质和不良性格特征的人更易患神经衰弱。

　　大学生神经衰弱的发生主要是由于现实的压力和缺乏良好的适应能力，如学习负担过重，专业思想不稳定，个体自我调节失灵，对社会、人生思虑过多，在学习、恋爱问题上犹豫徘徊等。所有这些，在患者头脑中产生强烈的思想冲突，使得神经活动过程强烈而持久地处于紧张状态，超过了神经系统本身的张力所能忍受的限度，从而引起崩溃和失调。对患有神经衰弱的学生，合理安排学习和生活作息，适当参加娱乐活动和体育锻炼，并进行必要的心理治疗，一般可以起到较好的效果。

第二节
大学生心理危机的应对

　　当今社会正在经历着急剧变化，大学生也面临前所未有的严峻挑战，大学生活成长的压力与动力并存，机遇与挑战同在，个人成长与危机共生。在危机中实现自我成长，是每个大学生面临的任务。

一、大学生心理危机的特点

　　由于大学生的文化水平较高，心理发展水平正好处在埃里克森人格发展阶段理论中所说的"自我同一性的角色混乱"时期，这是人生中最重要的阶段。在这一时期，大学生产生的心理危机的特征既有普遍性，也有特殊性。一般来说，大学生心理危机的特点主要表现在以下方面。

（一）普遍性

　　普遍性是指心理危机从一定意义上讲是每个大学生都会遇到的问题，没有人能够幸免。心理危机是个体的非正常、非均衡状态，是一种正常的生活经历，并非疾病和病理过程。心理危机表明个体正在努力抗争，力求保持自身与环境的平衡。虽然大学生的心理危机是不可避免的，但是通过设定目标、形成计划、妥善处理，是可以安全渡过心理危机的。

（二）复杂性

　　复杂性是指造成大学生心理危机的原因可以是生理的，如生理成长与变化、疾病等；也可以是心理的，如需要、价值、个性等；还可以是社会性的，如社会变迁、文化变革与冲突等。心理危机的来源可以是外部的，如环境的要求与压力；也可以是内部的，如个体生理和心理的变化与要求。心理危机可以是突发性灾难（如交通事故）引起的；也可以是一系列事件日积月累（如人际关系恶化）引起的。总之，心理危机是一系列因素相互交织的综合结果。心理危机的程度与生活事件的强度不一定成正比，更重要的是取决于个体对生活事件的认识以及个体的应对能力、个性等，不同的大学生在同样的压力情境下，有的产生了心理危机，有的却适应良好。

（三）动力性

动力性是指在心理危机的过程中，焦虑和冲突总是存在的，这种焦虑和冲动为变化提供了动力。也有人把心理危机看作成长的机会或催化剂，它可以打破个体原有的定势或习惯，唤起新的反应，寻求新的解决问题的方法，增强挫折的耐受性，提高环境适应的能力。埃里克森提出人的一生要经历八个阶段，每个阶段的更替便是一次危机，如顺利渡过则人格得到成长。每一次发展性心理危机的成功解决都是大学生朝着成熟和完善迈进的阶梯。

（四）时代性

时代性是指当代大学生的心理危机反映了时代、社会对大学生的要求和压力，反映了个人对理想的追求，表现为实现理想与现实的冲突和矛盾。大学生的心理危机与时代背景有着密切的关联。例如，市场经济条件下的贫富差距、就业困难等对现在的大学生产生了很大的压力，一旦应对不好，自然会出现心理危机。

二、大学生心理危机的种类

不同的心理学家对大学生心理危机提出了不同的分类体系，本书归纳为以下几种。

（一）成长危机

成长危机是指大学生在大学阶段发生的涉及生理、心理发展变化的心理危机。大学阶段，大学生已经进入青年中期或后期，一方面，正处于生理发育基本成熟和部分心理发展相对滞后的特殊时期，人生观和世界观逐渐形成，心理状态不稳定，容易受到外界的各种影响而产生心理危机；另一方面，大学生性生理已经基本成熟，性意识增强，渴望异性的友谊和爱情，但由于大学生性心理还没有完全成熟，缺乏生活经验，常会产生一些不正当的行为，给身心带来严重影响。成长性心理危机有三个特点：其一，心理危机持续的时间比较短暂，但变化急剧；其二，危机期间容易出现一些消极现象，如厌学、人际冲突及情绪冲动等；其三，如果能顺利度过危机，将会促进大学生心理发展，使其获得更大的独立性，走向成熟。

（二）情感危机

情感危机是指一个人在感情中遭到突然的打击，使他无法控制和驱使自己的感情，从而严重地干扰正常思维和对事物的判断、处理能力，甚至使工作、学习无法进行。在极度的悲痛、恐惧、紧张、抑郁、焦虑、烦躁等情况下，极易产生极端的念头，做出莽撞的事来。在大学生中最常见的情感危机莫过于失恋，失恋可引起严重的痛苦和愤懑情绪，有的可能出现自我伤害行为，有的由爱生恨，出现攻击行为。

（三）人际关系危机

和谐的人际关系既是大学生心理健康不可缺少的条件，也是大学生获得心理健康的重要途径。大学生人际交往危机主要是指大学生在与他人相处和交往的过程中表现出的不适、自闭、逃避、自恋、自负以及难以调和与他人关系的不良心理状态和行为表现。从中学到大学，大学生面临着一种全新的人际关系。在中学时代，或许能够凭借出色的成绩赢得同学和老师的青睐，但在大学，成绩好不一定就能获得好的人际关系。另一方面，大学生们来自五湖四海，每个人的家庭背景、生活方式、价值观、性格、兴趣爱好都千差万别，这些差异会不可避免地带来摩擦和冲突，如果得不到及时的解决，就会产生人际关系上的危机。

（四）就业危机

近几年来，由于社会竞争的加剧、高校扩招、就业市场的不景气，大学生想要找到理想的工作并不是件容易的事。部分大学生看不到自己的前途在哪里，特别是对那些学习成绩不好、能力又不出众的学生而言，就业问题就像一座大山。一部分大学生为了增强自己日后的就业实力，给自己设置一些不切合实际的目标，花费大量的财力和时间来学习热门实用的课程，这样就处于长期的紧张状态和高负荷压力下，一旦失败就会感受到严重的挫折感和失败感。

（五）学业与经济危机

对大学生来说，学习是首要任务和主要活动。大学生的学习压力相当一部分来自所学专业非己所爱，这使学生长期处于冲突与痛苦之中；还有一部分是因为课程负担过重、学习方法不对、参加各类证书考试及考研带来的应试压力等。精神长期处于高度紧张的状态，极可能导致大学生出现强迫、焦虑甚至是精神分裂等心理疾病。

目前，我国高校在校生中依然存在为数众多的贫困生，部分人经不起贫困带来的精神压力，觉得穷是没面子的事，不敢面对贫困，与同学相处时敏感而自卑，采取逃避、自闭的做法，有的甚至发展成孤独症、抑郁症而不得不退学。

（六）境遇危机

境遇危机是指由外部环境造成的、突如其来的、无法预料的和难以控制的心理危机，如亲友突然亡故、父母失业、家庭经济来源突然中断等，或是受到突然的侵犯和恐怖事件，如遭受暴力侵犯等引起的心理危机。

三、大学生心理危机发生后的反应

个体面对危机时会产生一系列身心反应，一般危机反应会维持6～8周。危机反应主要表现在生理上、情绪上、认知上和行为上。

（一）生理方面

心理危机最常见的生理反应有肠胃不适、腹泻、食欲下降、头痛、疲乏、失眠、做噩梦、容易受到惊吓、感觉呼吸困难、哽塞感、肌肉紧张等。其中较常见的特征是周期性或持续性的颤抖，精神恍惚。

（二）情绪方面

心理危机最常见的情绪反应有害怕、焦虑、恐惧、怀疑、不信任、沮丧、抑郁、悲伤、易怒、绝望、无助、麻木、否认、孤独、紧张、不安、愤怒、烦躁、自责、过分敏感和警觉、无法放松等。最常见的是极度悲伤、痛心、绝望。

（三）认知方面

心理危机下，个体在认知上会表现得很无助，会认为无论采用什么方法都无法改善情况。常出现注意力不集中、缺乏自信、无法做决定、健忘、效能降低、不能把思想从危机事件上转移等情况。

（四）行为方面

呈现社交退缩、害怕见人、逃避、暴饮暴食、容易自责或怪罪他人、不易信任他人，以及假装适应等反应。部分人的危机反应是攻击他人，他们觉得能够发泄满腔怒火和重新获得自尊的唯一途径就是毁灭那个他们认为伤害了自己的人。与此相反，另一些人的危机反应则是自我毁灭式的，例如疯狂地驾驶、酗酒、自戕等。而假装适应是所有心理危机反应中最隐蔽的，指一些人表面上好像很成功地驾驭了创伤和压力，但事实上他们是故作轻松。假装适应的反应是一种由抑制、自我克制等综合构成的相当脆弱的防御方法。假装适应的人很少主动寻求帮助。

四、大学生心理危机的预警与自我干预

心理危机虽然有错综复杂的原因，但它是可以防范和干预的。通过有针对性地采取防范措施，可以减少心理危机发生的突然性和意外性。还可以通过对处于困境和挫折中的个体予以关怀和救援，帮助其渡过危机，使之恢复心理平衡。

（一）心理危机预警

心理危机预警是指对心理危机进行早期预测，通过对预警信息的评估及时发现和识别潜在的或现实的危机因素，有针对性地采取防范措施，防患于未然，必要时发出危机警报，减少危机发生的突然性和意外性。心理危机预警机制具有预测危机、防范危机的功能，是一种超前的危机管理。

心理危机的预警对象，应该是危机承受能力相对较低、危机事件发生概率较高以及正在遭遇危机事件的个体或群体。从危机事件发生概率来说，一般认为，有几类大学生可能更容易遭遇危机事件，如贫困生、复读生、优秀生、单亲或离异家庭子女等，大学生心理危机干预预警系统应该对这几类大学生多一些关注。此外，对一些家庭环境不佳，个体人格以抑郁、内向、自省为特征，思维方式特别，情绪、情感不稳定，行为冲动、反常的学生也应给予高度关注。具体来说，可以通过建立心理电子档案来实现对危机预警对象全面、及时的把握。

就心理危机预警的方法而言，传统的方法多为事件跟踪法，现代则更加重视预警指标。事件跟踪法相对比较被动，往往有事后干预的特点，不能及时、尽早发现问题。预警指标法则在某种程度上弥补了这一缺点，它是依据预警对象（事件、个人）的情况建立一套有监测功能的预警指标体系，通过预警指标，利用某种理论与经验，分析确定预警对象与危机情势发展之间的因果关系，以此进行危机早期预测。预警指标作为预警信息分析的依据，应该包括会增加个体脆弱性、容易引起心理危机的各种因素。

（二）心理危机的干预

心理危机干预也叫心理危机调停，是指对处于困境和挫折中的个体予以关怀和支持，使之恢复心理平衡的过程。心理危机干预本身属于一种心理卫生的救助措施，主要针对心理适应陷入危机状态者，给予适时救援，助其渡过危机，然后再从长计议，并且视情况轻重转介有关机构接受治疗。心理危机干预可以从个体自己寻求帮助开始。心理危机干预的关键在于进行"人格塑造"，帮助发生危机者恢复自信，克服心理缺陷，发挥个人潜能。

（三）心理危机的自我干预

心理危机的自我干预是从自身的角度出发来解决危机，调整情绪，使自身功能恢复到危机前的水平。

1. 寻求滋养的环境，收集充分的信息

第一步就是要充分了解问题所在。虽然个体在危机中会陷于莫名其妙的恐惧和不知所措的境地，不知道发生了什么事，也不知道将要发生什么事，但可以肯定的是，能够从那些过去有类似经历的人的经验中得到帮助。人们还可以向处理危机问题的专家请教，或从有关书籍中寻找解决问题的办法。

2. 建立良好的人际关系

在危机期间和危机过后，个体都需要与周围的人保持良好的人际关系，不一定要求他们提供强烈的情感支持，而是与他们保持日常的联系，共同分享经验，共同面对事物。这不仅有助于遭受危机的个体重新适应社会，还可以分散注意力，摆脱消极紧张情绪的困扰。

3. 积极调整情绪

危机的出现会使人们紧张和沮丧，这些情绪反应不仅表现为内在的、强烈的不适感，而且消极的挫折体验将使危机进一步恶化。因此，调整情绪的中心环节，就是要培养承受这些痛苦的能力。调整情绪，将使诸如焦虑导致恐慌、沮丧导致失望等情绪的恶性循环得到控制。当危机超出我们的控制能力以及我们无力改变外部事物时，将注意力集中在努力调整自己的情绪上，能够取得很好的效果。

生命的价值与力量

早晨，一个人来到海边散步。他注意到，在沙滩的浅水洼里，有许多被昨夜的暴风雨卷上来的小鱼。用不了多久，浅水洼里的水就会被沙粒吸干，被太阳蒸干，这些小鱼就会干死。忽然，他看到前面有一个小男孩不停地捡起水洼里的小鱼，用力把它们扔回大海。这个人忍不住走上前说："孩子，水洼里有成百上千条小鱼，你救不过来的。""我知道。"小男孩头也不回地回答。"哦？那你为什么还在扔？谁在乎呢？""这条小鱼在乎！"男孩一边回答，一边捡起一条小鱼扔回大海。"这条在乎，这条也在乎！还有这一条、这一条、这一条……"

——生命具有有限性、独特性、不可逆性，因其仅有一次而无比珍贵。

在一次讨论会上，一位著名的演说家手里高举一张20美元的钞票，面对会议室里的200个人问："谁想要这20美元？"一只只手举了起来。他接着说："我打算把这20美元送给你们中的一位，但在这之前，请准许我做一件事。"他说着便将钞票揉成一团，然后问："谁还要？"仍有人举起手来。演说家又把钞票扔到地上，并且用脚踩碾，然后拾起钞票，钞票已变得又脏又皱："现在谁还要？"还是有人举起手来。"朋友们，你们已经上了一堂很有意义的课。无论我如何对待这张钞票，你们还是想要它，因为它并没贬值，它依旧值20美元。人生路上，我们会无数次被逆境击倒、欺凌甚至被碾得粉身碎骨，我们觉得自己似乎一文不值，但无论发生什么，或将要发生什么，我们永远不会丧失价值。因为无论肮脏或是洁净，我们依然是我们。"

——我们自身本就有价值，我们可以实现自己的价值。遇到困难绝不退缩，遇到挫折绝不气馁，以自己的行动来确定自己的价值。

有人问："世界上什么东西的力量最大？"有的说大象，有的说狮子。没有一个人将小草叫作大力士，但小草的力量之大的确举世无双。

人的头盖骨结合得非常致密、坚固。生理学家和解剖学家用尽了一切方法，要把它完整地分开来，都没有成功。后来忽然有人发明了一个方法，就是把一些植物的种子放在要剖开的头盖骨里，给予相应的温度和湿度，使种子发芽。种子发芽后，便以可怕的力量，将一切机械力所不能分开的骨骼，完整地分开了。

种子这种一般人看不见的力，是一种"长期抗战"的力，一种能屈能伸、有韧性的力。即使它不落在肥土中而落在瓦砾中，有生命的种子决不会悲观，因为它相信有了阻力才会有磨炼，上面的石块丝毫不足以阻挡它。

——种子的这种力量，便是生命的力量，只要生命存在，这种力量就会显现。

【 心理测试 】
抑郁症心理测试

建议测试者选择一个安静、不受打扰的环境，保持头脑冷静，回想近两周的情绪状态，然后给下面个体打分：没有0，轻度1，中度2，严重3。

1. 你是否感到食欲不振？或不可控制地暴饮暴食？

2. 你是否患有失眠症？或整天感到体力不支，昏昏欲睡？

3. 你是否丧失了对性的兴趣？

4. 你是否经常担心自己的健康？

5. 你是否认为生存没有价值，或生不如死？

6. 你是否一直感到伤心或悲哀？

7. 你是否感到前景渺茫？

8. 你是否觉得自己没有价值或自认为是个失败者？

9. 你是否觉得力不从心或自叹比不上别人？

10. 你是否对任何事都自责？

11. 你是否在做决定时犹豫不决？

12. 这段时间你是否一直处于愤怒和不满状态？

13. 你对事业、家庭、爱好或朋友是否丧失了兴趣？

14. 你是否感到一蹶不振，做事情毫无动力？

15. 你是否认为自己已衰老或失去魅力？

【评分标准】

将以上各题的分数相加，得出总分，根据以下标准判断自己的情况。

0～4分：没有抑郁；

5～10分：偶尔有抑郁情绪；

11～20分：有轻度抑郁症；

21～30分：有中度抑郁症；

31～45分：有严重抑郁症并需要立即治疗。

【活动设计】
建立积极的心理暗示

心理暗示

心理暗示是指在生活和工作中，通过语言、行动、表情或某种特殊符号，对他人或自己的心理和行为产生影响，使他们接受暗示者的某一观点、意见，或者按照暗示的方式活动的过程。

心理暗示分为两种：积极的心理暗示与消极的心理暗示。暗示的本质是用含蓄、间接的办法对人的心理状态产生迅速影响的过程。

大学生要养成积极的心理暗示。水滴石穿，绳锯木断，积极的自我暗示会形成一股巨大的力量，如同一台"发动机"，帮助人们提升各种任务表现，拥有圆满幸福的人生体验。

罗森塔尔效应

1968年，心理学家罗森塔尔通过实验发现：教师被告知"某些学生有发展潜力"（实为随机名单）后，这些学生的成绩、自信和社交能力显著提升，而教师的态度与行为（如更多关注、鼓励等）是核心传递媒介。该效应揭示了积极期望的自我实现机制——当个体感知到被信任时，会通过增强自我效能感调整行为，形成正向循环。这就是著名的罗森塔尔效应：他人对个体的期望会通过心理暗示影响个体的行为，最终使结果与期望趋同。

巧用积极心理暗示

既然心理暗示具有如此强大的力量，我们可以使用积极的心理暗示来重塑人生。

内容	积极心理暗示
学会自我鼓励	不要在生活和学习上随意给自己贴消极的标签。应该多给自己信心和激励
学会忽视负面信息	不要过度关注生活和学习上的负面信息，过度关注负面信息只会让自己感到更糟糕
将失败的原因归咎于可改变的	当事情失败时，不要总把原因归结于自己的能力，而是归结于可改变的因素，促使自己未来更加努力
避免习惯性地使用消极或否定的语言	不要养成否定性的语言习惯。养成使用积极语言的习惯。将否定句和疑问句都改成带有缓和余地的表达和肯定句，这将会在潜移默化中建立积极思考的习惯

结合上面提到的内容，梳理自己要建立的积极心理暗示，完成下面的表格。举例：这次考试失败的原因，不是"我不会学习"，而是"这次考试××方面没有复习好"。

内容	我要建立的积极心理暗示
学会自我鼓励	1. 2. 3.
学会忽视负面信息	
将失败归咎于可改变的原因	
避免习惯性地使用消极或否定的语言	

本章推荐资源

参考文献

[1] 吉家文. 新编大学心理健康教育. 天津：南开大学出版社，2010.

[2] 夏翠翠. 大学生心理健康教育. 北京：人民邮电出版社，2000.

[3] 宋德如，张晓旭. 大学生心理健康教育. 南京：江苏人民出版社，2012.

[4] 焦雨梅，王健，林萌. 大学生心理健康教育. 北京：航空工业出版社，2009.

[5] 孔晓东. 大学生心理健康导引. 武汉：华中科技大学出版社，2011.

[6] 史琼. 新编大学生心理健康实用教程. 北京：人民邮电出版社，2016

[7] 黄希庭，郑涌. 大学生心理健康教育. 2版. 上海：华东师范大学出版社，2009.

[8] 周莉. 大学生心理健康教育. 2版. 北京：中国人民大学出版社，2015.

[9] 俞国良. 大学生心理健康. 北京：北京师范大学出版社，2018.

[10] 朱育红，潘力军，王爱丽. 大学生心理健康教育课堂互动手册. 上海：华东理工大学出版社，
2015.

[11] 姚斌. 大学生心理健康与自我发展. 北京：北京师范大学出版社，2014.

[12] 吴少怡. 新编大学生心理健康教程. 西安：西安交通大学出版社，2016.

[13] 黄晞建，丁玲. 大学生心理健康修养. 上海：上海交通大学出版社，2008.

[14] 曲长海. 大学生心理健康教育理论与实践. 北京：化学工业出版社，2016.

[15] 鲁忠义，安莉娟. 大学生心理健康教育. 北京：教育科学出版社，2012.

[16] 曲长海. 大学生心理健康教育教程. 北京：化学工业出版社，2018.

[17] 格里格·津巴多. 心理学与生活. 王垒，王甦，等译. 北京：人民邮电出版社，2003.

[18] 库恩. 心理学导论. 郑钢，等译. 北京：中国轻工业出版社，2004.

[19] 樊富珉，王建中. 当代大学生心理健康教程. 武汉：武汉大学出版社，2006.

[20] 贾晓明，陶勃恒. 大学生心理健康——走向和谐与适应. 北京：北京理工大学出版社，2006.

[21] 黄希庭，郑涌. 大学生心理健康教育. 上海：华东师范大学出版社，2009.

[22] 刘晓明，杨平. 大学生心理健康教育——体验·认知·训练. 北京：科学出版社，2009.

[23] 郑日昌. 大学生心理健康. 上海：华东师范大学出版社，2013.

[24] 张元洪.大学生心理健康教程.哈尔滨:黑龙江人民出版社,2013.

[25] 姚斌.大学生心理健康与自我发展.北京:北京师范大学出版社,2014.

[26] 陈秋燕.大学生心理健康教育.北京:北京师范大学出版社,2015.

[27] 黄小梅.大学生心理健康教育.北京:高等教育出版社,2014.

[28] 张将星,曾庆.大学生心理健康教育.广州:暨南大学出版社,2013.

[29] 张灵聪,曾天德.大学生心理健康教育.北京:世界图书出版公司,2011.

[30] 魏改然.大学生心理健康教育.北京:化学工业出版社,2009.

[31] 高兰.大学生心理健康教育—心灵成长自助手册.北京:教育科学出版社,2016.

[32] 杨凤娟.大学生心理健康教育理论与实践.北京:化学工业出版社,2020.

[33] 王永.大学生心理健康.北京:化学工业出版社,2020.